獻給我的愛人，克莉絲提娜

目 次

CONTENTS

輸家思維
是什麼？

我們都會使用自己的大腦，儘管有些證據顯示出相反的事實。然而，我們大部分的人都沒學過如何有效地思考。我指的並非智商或是其他智力測驗，當然，這些測量本身也很重要，我的意思是把思考視為一項需要習得的技能。學校裡不教**思考**的方法，其後果幾乎天天都可以親眼目睹。如果你使用社群媒體，或是犯了以任何形式評論他人觀點的錯誤，那麼，你大概就會看到一大堆荒謬又毫無效益的論證，我把這稱為**輸家思維**。

輸家思維無關乎笨不笨，也與是否獲得完整資訊無關；輸家思維關乎**沒有效益**的思考方式。**你可以很聰明且見多識廣，卻同時是一個顯而易見的思維輸家。**這種情況不只是有可能發生，更是經常如此。在這個星球上待了幾十年之後，我觀察到的是，清晰明瞭的思維模式不知為何竟相當稀有，這自然有其原因。**無論你有多聰明，如果你缺乏各個領域的相關經驗，你可能依然不具備最富成效的思考方式。**

> 輸家思維無關乎笨不笨，也與是否獲得完整資訊無關；輸家思維關乎**沒有效益**的思考方式。

比方說，一位受過專業訓練的工程師，會有一套特定理解世界的方式，這套方式跟律師、哲學家或是經濟學家看待世界的方式有所重疊，卻又不相同。具備這些當中的任何一組技能，皆能讓你在理解世界和有效地思考的這條路上遙遙

領先。可是，除非你已經嘗試過跨越不同領域的思考技巧，否則你將遺漏許多東西。在此重申一次，我要極其明確地表達，我指的並非在學科中所學到的知識，我說的純粹是這些領域的學生在學習過程中所習得的**思考技巧**。

好消息是，你不用非得精通工程學、科學、經濟學、哲學、法學或是任何其他領域，才能學會這些領域的專家如何思考的基本方法；舉例來說，如果你對**沉沒成本**完全沒概念，我可以用三十秒解釋給你聽，你便能充分理解：

沉沒成本：你已經付出的金錢不應該影響你下一步的決策，但基於心理因素，它通常會有所影響。

我寫這本書是為了讓你認識（或是提醒你）這些從各個領域借來的、最有成效的思考技巧。綜合運用這些技巧，將幫助你避免陷入毫無效益的輸家思維。

老虎・伍茲（Tiger Woods）幸運地天生就有一組讓他可以在高爾夫球賽場稱霸多年的 DNA 序列。但是，如果他並未去學習關於打高爾夫球的策略和技巧，那麼他的天賦也只是枉然。任何需要學習的行為皆如是。天賦無法帶領你走太遠，如果你想要對有效思考這項不那麼容易的技能駕輕就熟，你就需要學習這些，並且加以練習，你所謂的常識可能會擺你一道，讓你以為自己已經知道如何有效地思考。①

我會讓你看到你可能遺漏了些什麼。

你可以預見的是，在這本書裡會讀到一些你已經知道

的概念，再加上一些你所不知道的。每個翻開這本書的人都位在不同的起跑點上。根據經驗，我知道你們當中有許多人會把這本書當作禮物，送給生活中那些以無效益方式思考的人；而我想要替你、或是從你這個有智慧的贈書者手上收到書的他們，打造出事情的全貌。我猜，正在讀這本書的人當中，有一半早就知道如何正確地理解沉沒成本，而另一半的人則是剛剛跟上。

學習如何有效思考對任何人來說，皆非一件自然而然的事，不過這相當容易學習。你只需要接觸這些技巧，便很可能會終身記得。這些技巧很容易理解，要精通也很簡單，這本書會替你的大腦設定好一些濾鏡，讓你無論身處何地、在別人和自己身上，只要遇到輸家思維，即刻就能辨認出來。

我們人類更看重具有名稱的事物，而「輸家思維」這樣一個名稱，很方便用來嘲諷那些進行無效思考的人。嘲諷他人會讓你受到批評，但我認為我們可以認同，有智慧地運用嘲諷很有用。舉例來說，因為別人說謊而嘲諷他們，可能有助於減少未來的謊言，並且讓世界變得更美好；但是因為一些他人無法改變的事實而嘲笑他們，就單純只是混蛋行為。

身為連環漫畫《**呆伯特**》（*Dilbert*）的創作者，我幾乎天天都以嘲諷的方式遏止那些荒謬到不行的管理行為持續散播。如果我這麼說聽起來似乎誇大了自己對於社會的影響力，那麼請想想這件事，二〇一八年，特斯拉（Tesla）的執行長伊隆·馬斯克（Elon Musk）寫了一份備忘錄給全體員工，他在裡頭闡明如何進行有效益的會議，以下是其中一條

規則：

> **伊隆‧馬斯克的規則六**：「一般而言，運用常識作為你的指南。如果在特定情況下，遵守某項『公司規定』明顯荒謬到足以被畫進《呆伯特》漫畫裡，那麼這條規則就應該改變。」

請注意！由於「呆伯特」這個詞存在於他們日常使用的詞彙中，並且他們都對「如同呆伯特一般」的政策會是什麼樣子略知一二，這使得馬斯克在描述他對員工的要求時要容易得多。可見賦予事物名稱會賦予它們武器般的力量。

我舉特斯拉的例子是因為找一句已經出版過的引言比較容易，但是我可以告訴你，近三十年來，一直都有來自大公司的經理人直接向我回報，他們之所以改變或是避免了一些政策，全因「我們不想最後被畫進《呆伯特》漫畫裡。」或是意思類似的話語。被嘲笑的風險導致行為的改變，其影響程度，我甚至可以說它是歷史上最強大的力量之一。

比起沒有名稱，如果你有一個負面的詞彙來指稱某件事情，反而會比較容易避免它。在我介紹**輸家思維**這個詞之前，你會用什麼詞來描述一個聰明卻因為缺乏跨領域的接觸，而在思想上有盲點的人？你的預設值大概會是從你所認識的詞彙中，選擇出最接近的那個，它可能是**愚昧**、**蠢**、**笨蛋**，諸如此類。不必由我來告訴你，在你指稱某個人是笨蛋

後，再要去改變他的想法會有多困難；如果你採用稍為高明的手法、聰明的途徑，把一個人思想上的盲點用一個術語來描述，像是**確認偏誤**，或是**認知失調**，你的目標對象則會宣稱你才是那個被認知錯誤所困擾的人，然後這項討論便會無疾而終。

> 比起沒有名稱，如果你有一個負面的詞彙來指稱某件事情，反而會比較容易避免它。

現在，把那些沒用的方法跟接下來我要告訴你的方法比較一下，我允許你拍攝這本書裡的任何單一頁面，並且在社群媒體上分享，或是跟認識的人分享，或是在任何情況下作為你辨識出輸家思維時的答覆。這個頁面將會是來自一本已出版的書籍，這會讓你的論點更有分量，並且讓對話不那麼有針對性，也不至於像是你個人的瘋狂意見。如果你向人敘述這一頁是從《斜槓思考》這本書來的，你會讓自己的立場同時擁有嘲諷和免費的可信度這兩名生力軍，而且當這本書變成暢銷書時，在抑制輸家思維上，力道還會再更強。

截至目前為止，你大概在想，為什麼我不建議你去罵別人很笨，卻又同時介紹了輸家思維這個看似差不多一樣糟糕的詞呢？差異之處在於**愚笨**指稱的是一個人，而**輸家思維**指的則是技巧。要記得，我們所有人時不時都會進行輸家思維。**輸家思維**中的「**輸家**」指的是結果，不是相關人士的

DNA，如果你要使用這個詞的話，切記要區分出這項差異。**罵別人很笨不會讓他們變聰明，但是指出一個糟糕的技巧並以一個好的技巧與之相互對照的話，就可以即時讓人朝著比較有效益的方式思考**。就像我之前舉的沉沒成本例子，一旦你接觸到這個全新的概念，它幾乎是自動成為你未來思考的一部分。

我之所以有能力寫這本書，僅僅因為書中所描述的錯誤，大部分我都犯過。我從經驗中學到如何在我自己以及他人身上辨識出這些錯誤。在很多的情況下，我都是在被可信的人士嘲笑後（切身之痛啊！），才學到這些技巧。沒有人可以倖免於偶爾陷入輸家思維中，但我希望你們在這兒讀到的內容能幫助你們免於被嘲笑，如同我長年以來所經歷的；無意中還學會了怎麼寫這本書。

輸家思維也可以用來解釋為什麼好萊塢的藝人們在替政治或是社會議題發聲時，看起來——至少在我們許多人眼裡——與其說是聰明，不如說是真摯。你不會想到這樣的事情有些奇怪。大部分娛樂產業界的人都非經過訓練養成的科學家、工程師、律師、經濟學家、哲學家，或是通曉其他關於如何做決策的領域；再加上，作為人類，我們**不知道自己不知道什麼**。如果你從來沒有上過課、學習過如何有效思考，你就不會有一個參考架構，用來了解自己做得對不對。

你可能天生就是個聰明伶俐的人，這一點可能性滿高的，因為你現在正在閱讀這本書。而且你或許曾經修過一門邏輯課，這會是個很好的起點，但也不會讓你像那些研讀其

他學科的人一樣，並用他們看待世界的方法來理解世界。如果你只是接觸過某幾個學科的思考方法——比方說歷史和哲學好了——那麼要理解經濟學家和科學家如何看待這個世界，你依然有個缺口。

> 如果你只是接觸過某幾個學科的思考方式，在有效地理解世界這項能力上，你仍會有很大的差距。

舉例來說，你可能認識賽斯・麥克法蘭（Seth MacFarlane），知道他是獲得廣泛成功的電視動畫節目《蓋酷家庭》（*Family Guy*）的創作者。然而，那只是他成就裡一個微不足道的小亮點罷了。他的才華是世界級的，在一個人身上能看到如此洋溢的才華，絕對是最令人歎為觀止的經驗之一了。他是一名歌手、演員、作家、藝術家、製作人、幽默大師和聲音表演者，但這是否告訴我們麥克法蘭所擁有的經驗和教育背景有正確的組成，讓他得以理解這個世界？面對一個橫跨多個領域，比方說科學、商業、心理，並擁有深厚經驗的人，他所擁有的那一組思考技巧（我們已知的那些）是否可以與之相提並論呢？根據麥克法蘭的卓越成就，他看起來像是在所有他取得成功的領域裡都有相當的才華，我從遠距觀察到的印象是，他天生的智商就超乎常人的高。他畢業於羅德島設計學院（Rhode Island School of Design），並且在各項娛樂事業中（動畫、電影、真人電視秀、音樂、頒獎典禮主持等）

累積了一項又一項的成就，並同時從幾乎每一個項目都賺取了新的財富，換句話說，他是個絕頂聰明的傢伙，而我也沒有理由去質疑他的立意良善。

不過，根據他在推特上的政治評論，他似乎在教導我們該如何用最好的方式來看待世界上沒有多少經驗。如果這樣的描述在你身上也適用，那麼，你就不會注意到你的、或是麥克法蘭的政治意見中，有任何的缺失。我會舉一個絕佳的例子來證明我的論點。在下面這條推文裡，麥克法蘭說，實際上，由於大量的科學家都這麼說，我們可以確信，氣候變

賽斯・麥克法蘭 @SethMacFalane ・ 10 月 10 日
哇噻，這絕對是騙術史上資金最雄厚、組織得最完善的一場騙局。

> 超過來自四十個國家、分屬於九十一位作者的六千條科學文獻皆明確指出，全球暖化造成的衝擊比起工業革命前溫度上升了攝氏一・五度，這是一項警訊，警告這個世界正在迅速耗盡時間，不用多久，地球就會遭遇災難性的影響。
>
> 由隸屬聯合國的氣候變遷組織，跨政府氣候變化專門委員會所起草的報告呼籲著：「快速、深遠且史無前例的……」

💬 487　🔁 2.7K　♡ 11K　✉

遷是真實發生且相當危險的。

如果你的生活經驗主要是專注於藝術領域，那麼仰賴氣候科學專家們所得出的共識，這一點看起來完全合理，而一旦你發現其他人不這麼做，你就會得出一個結論，認為那些連這樣明擺著的事都看不見的傢伙簡直是智障。

我無法解讀賽斯‧麥克法蘭的心思，但這則推文的字裡行間似乎透露了些什麼。

我們先這麼說好了。你和我在經濟和商業領域上都擁有同樣的經驗，在這些領域中，任何人告訴你，他們可以用複雜又多變數的模型預測十年後的未來，這個人會自動被視為騙子。歷史上充斥著許多使用模型預測挑選股票的人。當很多人正在對未來做出大量的預測時，一定會有些人比其他人預測得更準確一些，於是，這些人便會大肆宣傳自己的能力，聲稱可以預知未來，藉此吸引那些不了解專業投資建議在很大程度上是合法詐欺行為的客戶。我擁有經濟學以及頂尖商學院的 MBA 學位，再加上個人多年投資的經驗，所以在這主題上，我不是隨隨便便地進行臆測。任何與我經驗相當的人都會告訴你，就個股選股而言，大部分（但並非全部）的財務建議都是胡說八道，但還是有一個產業充滿在做這件事的財金專家，而且還收取了大把的費用。如果你問他們，他們的方法多有效？他們會告訴你，他們並非百發百中，但就平均而言，他們提高了不少收益。

同理可證，氣候科學的領域對於確認偏誤、認知失調和徹頭徹尾的詐騙來說，都是個完美的培養皿。這並不代表氣

候科學家錯了或是不誠實，我可沒有這麼說；我說這句話的意思是，降低自己對於他們是正確無誤的確信感，會是明智之舉。

你現在可能正在心中反駁我，並且想著，這又不同於金融領域，隨著時間發展，科學的進程會逐步將偏誤驅逐出境，而且研究成果皆經過同儕審查，其中無法複製的實驗則會被捨棄。

真的是這樣嗎？

在此我依據的是我在全美各大企業工作的十六年光陰。如果我的工作內容包括要審查一份由同儕所製作的複雜論文，而我已處於工作超載的情況下，我會多仔細地檢查其中的數據和數學運算？我會上窮碧落下黃泉、一路追蹤到原始的測量工具，然後檢查這項工具是否經過校準嗎？我會把原始數據跟論文裡所採用的、「調整過的」數據進行比對嗎？我會深入探討這些運算和論證嗎？還是我會快速瀏覽，看看有沒有明顯的錯誤？除非科學家是另一個品種的人類，跟我們這些其他人不同，否則，只要他們認為不會出事，便會聰明地抄捷徑，就像其他人一樣。如果你認為科學家是人類的話，那麼你可以預見的是，許多經由同儕審查的研究仍舊有所缺失，而事實證明正是如此，如同《紐約時報》（*New York Times*）二〇一八年所報導的那樣，在同儕審查的這個過程當中，問題多到可笑。②

數以千計的氣候科學家都認同地球正以一種前所未見的方式變得愈來愈熱，但是這些科學家當中，有多少人直接參

與溫度測量？又有多少人只是單純地依賴一小群直接參與這項工作的人所產出的數據？

　　要了解某個特定區域最近幾十年來是不是變得比較溫暖相對容易，但與此同時，必須依靠歷史數據，才能知道就地球的歷史來說，這有多不尋常。你認為世界上有多少科學家曾經直接參與定奪諸如年輪與冰核這類歷史代用指標溫度（historical proxy temperature measurements）的測量決策過程？一小撮人？一千個人？我不知道，你也不知道。

　　根據我在全美各大企業工作的經驗，我會偏向於認為，世界上只有寥寥數位科學家有過這類頂尖經驗，能夠在一九七九年之前、亦即人造衛星時代來臨之前，直接進行過全球氣溫測量計算。那一群科學家無論多大群或是多小群，看來都主導了這個基本論調，即我們目前的暖化速度是空前地高，而人類正是罪魁禍首。

　　根據我橫跨多領域的經驗，尤其是在大型組織裡工作的經驗，我敢打賭，世界上只有極少數人是測量全球溫度真正的專家，況且，考慮到海洋控制著地球百分之九十的儲熱能力，你相信我們可以測量海洋的平均溫度，並達到必要的準確度，好知曉之前是否有過幾度的升降、以及升降的速度？無論是現在還是遙遠的過去，我們都做得到嗎？或許可以，我不排除這個可能性。我只是要說，我嗅到了一絲不對勁的氣息，我也承認我的嗅覺並非科學，我很希望我錯了，並得知科學家能夠測量到如此精確的程度。

　　我已經花了幾個月的時間在研究關於氣候科學的主張，

目的是看看我有沒有辦法自己得出一個合理的見解，然而我看到的是下列一而再、再而三地出現的模式：

氣候科學家：這是我的圖表，我使用的是官方的公開溫度數據，這證明了地球正在以令人擔憂的速度暖化。

懷疑人士：這是我的圖表，我使用的是官方的公開溫度數據，證明你是錯的，理由如下……

氣候科學家：這裡有一份論文，說明了為什麼你製表的方式是錯的。

懷疑人士：這項邏輯論證，說明了那份論文是錯的。

氣候科學家：哦，是嗎？那麼，這是我的邏輯論證，它說明了為什麼你的邏輯論證是錯的。

就這樣無限延伸下去。

理論上來說，一個非科學家的人，應該也要能夠跟進這項針對氣候的辯論，直到得出結論並做出判斷：科學家與懷疑人士的論證哪個才最好；但是實際上，你力所能及的只是追著這些論點來回跑，直到其中一個玩家提出一些你聽不懂的科學論據為止。接著，如果你跟大部分普通的成年人一樣的話，你的第一反應就會是相信你原本就認同的那方。對於非科學家而言，氣候科學這個主題實際上是難以理解的。

試著思考一下，關於美國太空總署的人造衛星在

一九九六年到二〇一四年間所測量到的，所謂暖化的「十七年暫停」之懷疑論點。懷疑人士表示，這個暫停證明了氣候變遷是由人類所驅動的論點是錯的，因為二氧化碳在這段時間劇烈增加，但氣溫並沒有。氣候科學家反駁了這項評論，他們指出，這種只挑選「對自己有利」少於三十年的單一時間區段，根本無法做出任何結論，因為短期的自然變化可能會掩蓋掉二氧化碳所造成的暖化現象，而長期來看，平均而言，這樣的暖化正在發生。但是氣候科學家也告訴我們，最近三十年暖化現象正在趨緩，這是非常有意義的。兩件事情怎麼可能同時為真？三十年這個區間的溫度數據要嘛透露了一些有用的資訊，要嘛就是什麼也沒說。我認為這其中真正的問題在於我個人的無知，而不必然是氣候科學的問題，此外，即便認為氣候科學家們對於所謂的溫度暫停會做出一個好的答覆，但我就算聽了也不懂。我的重點是，關心這項議題的一般民眾，在試圖理解氣候變遷的科學所得出的結論實際上有多真切時，是相當無助的。但這並不妨礙我們在這個議題上擁有堅定的意見。去問問賽斯・麥克法蘭吧。

如果你沒有科學領域的相關經驗，你可能會認為科學家所製作出來的氣候模型真的是「科學」，因為是由科學家所做出來的。但是預測用模型並非科學，而是科學思維、數學、人類判斷力以及不完整數據的智能組合。這就是為什麼會有這麼多不同的氣候模型存在，而且每個之間都存在著些微的差異。

如果你從來沒有研究過魔術手法和詐騙專家的話，你可能不會發現天氣預報的模型符合一種普遍的詐騙模式。這種詐騙是這樣運作的，隨機向一群人寄出上千封的電子郵件，假設信件裡分別為三支不同股票的預測行情好了，同時在信中宣稱有一個個人專屬的演算法告知這些股票會漲，如果完全出於運氣，這三支股票中的任何一支漲了，那群收到推薦這支股票信件的人就會認為這個演算法真的有用，接著詐騙者再寄出另一批郵件給在第一輪中幸運獲得正確股票的那群人，內容則是另外三支股票的預測。

　　第二組信件的少數收件人可能出於偶然被推薦到一支表現好的股票，而其中並沒有任何可以事先預測的理由。現在，他們已經認定這個演算法兩次都很成功；到了第三輪，這些純粹只是碰巧連續三次都獲得正確預測的少數人，就會寄給這名詐騙者一張面額很大的支票，讓他幫自己投資。連著三次都準確預測出會漲的股票機率有多低啊？這樣的詐騙之所以會成功，是因為被詐騙的對象沒看到那些出錯的預測，他們欠缺事件前後的重要脈絡。

　　與股票詐騙同理，氣候科學家揚棄了不符合觀測內容的氣候模型，大眾不會知道他們拋棄的模型。如果你在一開始先做了一百種預測，然後拋棄一開始就出錯的預測，那麼你幾乎可以保證最終會得到一些**似乎**能預測未來的模型，但這也僅僅是碰巧罷了。

　　這些，你知道嗎？

> 如果你只知道一個人正中過靶心幾次，便去評斷他有很高的準確率，這就是輸家思維；你還必須知道他失手的次數有多少。

如果你原本就已經知道氣候模型並非科學，且還符合一種相當有名的詐騙模式（有時候這個模式也被稱為行銷），並了解科學家所得出的共識即使錯得離譜也很稀鬆平常，那麼你可能對於氣候預測的劫難保有健康的懷疑心態。

唯有一件事我可以百分之百肯定，那就是如果有某個領域既複雜又涉及大量金錢在其中，這時去仰賴多數專家就是個很糟糕的主意。你最後會是這樣：

> 好吧，對，我們的預測完全錯了，但是現在我們知道這些預測為什麼是錯的了。如果你給我們一百萬修正這個問題，我們的預測從現在開始就會變準確，不要問我們要修正些什麼或是如何修正，因為這很複雜，你是不會懂的。

只要你面對的局面中涉及了大把金錢，加上可以用複雜度來隱藏不當的行為，那麼你就可預見會發生一場大規模的騙局。舉個例子，以二〇一九年杜克大學的年度結算為例，其中，學校同意支付一億一千兩百五十萬給一項以偽造數據重複提交的研究資助金申請。杜克大學面臨一大筆撥款的風

險，以及足以掩飾不當行為的相當程度複雜性，這幾乎可以保證騙局一定會發生。③

> 當某個局面裡涵蓋大量的金錢和相當的複雜性，幾乎可以保證那是場騙局。

　　如果你像我一樣，已經在這個星球上待了很長一段時間，並且對科學有所關注，你就會知道，科學家們在營養學方面所得出的共識，有長達幾十年的時間都是錯的。最令人震驚的例子就是美國農業部在一九九二年所推出的飲食指南金字塔（the USDA's food guide pyramid），這個金字塔建議消費者食用的麵包、穀物、米飯和麵食，應該要多過蔬菜和水果。這與現今的營養學專家所建議的完全相反。評論家提出了一個相當有說服力的解釋，食品工業影響了營養科學和美國農業部給出的建議，以至於讓營養「科學」成為徹頭徹尾的笑話。然而可笑的是，直到我們得知事實並非如此之前，大眾一直認為這是科學無誤。④

　　就我個人而言，我曾經相信營養科學家在九〇年代說的那些——深信不疑，以至於我創立了一家食品公司，以科學作為我的嚮導，專門生產盡可能營養的食品品項。我將這項產品定名為呆伯特捲餅（the Dilberito），並在其中添加了政府聲稱你需要的所有維生素和礦物質，而這是有科學根據的——我當時是這麼想的。呆伯特捲餅的蛋白質和碳水化合

物比例也很好，聽起來很棒，對吧？問題在於——這也是我受了不少苦才學到的——專家對於營養學的「了解」一直在變；隨著時間過去，我強烈而明顯地意識到營養科學根本不是科學。營養科學是由產業干涉、垃圾科學以及政府三方的不潔結合而誕生，這三者當中無一個是好東西，但當你把這三種力量放在一起，是會出人命的。完全不誇張。過去幾十年來，糟糕的營養科學可能已經害死了很多人。⑤

科學家曾預測我們已經達到所謂的石油頂峰，[1]這點他們說錯了；科學家說臭氧層破洞已經嚴重到無法修復，他們說錯了（洞口正在縮小）；⑥專家說二〇〇〇年的千禧蟲會癱瘓全世界的電腦系統，他們說錯了（這個問題被及時地修正了），但如果我說得公允一些，這些問題之所以被解決，可能正是因為我們提早感到恐慌，一些帶有創意的小小恐慌能夠起到很大的作用。⑦

如果你曾經研讀過心理學和經濟學，你就可以理解為什麼氣候科學家在壓倒性的共識上，很容易錯的比對的多，況且這在人類歷史上並不罕見。只要某個局面裡關乎金錢、名聲、權力、自尊心以及複雜性，說你看到的是客觀科學，這就是個不理性的假設了。心理學和經濟學領域已經用千百種方法讓我們看到人們會受到各種力量的影響，但通常並不知道他們有多大的偏見。換句話說，假如想要對科學家在**任**

1　譯者注：意指石油年生產量達到頂峰，其後的生產率就會下降，1953 年美國地質學家哈伯特曾預言美國的石油生產將在六〇至七〇年代達到石油頂峰。

何議題上所達成的共識像是吃了秤砣鐵了心一般地確信，唯一的方法就是全然忽略心理學、經濟學、歷史等領域，以及——如果你年紀大一點——你自身的經驗。

除此之外，如果你也有商業和經濟背景的話，你可能會理解，面對未知的風險，最明智的作法是讓你的經濟持續地全力運作，免得你日後會需要花大把鈔票幫忙清除掉大氣中的二氧化碳（這已經是可能的，但是貴到發瘋）或是去解決任何氣候變化的問題。

如果你有經濟學和商學背景，你可能會認同這件事，就是清除大氣中二氧化碳的費用——哪天我們真的應該這麼做的話——很可能會隨著科技的日新月異而逐年下降。意思就是，等個幾年之後，再認真地將資金投入二氧化碳拭除器，比現在就硬上可能更聰明些，現在這些科技都超級昂貴且效率可能比不上未來的版本。晚點開始，是個容易的方法，讓你更快、更省錢地達到想要達成的目的。

這種動態發展的一個好例子就是十年前我在自己的房子上投資了太陽能板，若我當時多等個三年才在屋頂上安裝太陽能板，並且好好利用新型號費用下降、效率更高的優勢，我就能省下一些錢，並擁有一套長遠來說，對環境更有益的系統。我做決定時已經理解這樣的動態，但我無論如何還是裝了，為了各式各樣的社會性理由，在加州，如果你的新房子沒有太陽能板，形象會不好。

當科學家說人類活動加速了氣候暖化時，我是嚴肅以對的，氣候變遷相關的基礎科學（例如化學和物理）比起預測

用的模型很可能更加可靠。我反對的僅僅只是這樣的一個論點：科學家們對於某個預測模型有一致的共識，因此你也應該相信這個模型。預測模型比起科學更像是一種遊說，而只要是為了促進共同利益，我並不反對立意良善的遊說。

氣候科學家們說地球正在以一種危險的速度暖化，而主要的驅動原因就是二氧化碳，他們所言或許百分之百正確，我沒有資格去檢驗他們的成果；但我有資格說，對擁有**像我這樣的經驗**的人來說，**氣候科學呈現給大眾的方式**並不可靠；即便最後的結果是，大部分的氣候科學家說的是正確的。

我無意改變你對於氣候變遷的想法，甚至我自己都還沒拿定主意，況且，要精通這項議題難度很高，我或許永遠也拿不定主意。重點是要在某項議題上向你自己展示你的經驗，也就是你的濾鏡，如此，當你跟其他聰明人面對同樣一件事實時，便能得出不同的意見。你對氣候變遷的看法跟我很像嗎？還是更接近麥克法蘭的看法，認為跟隨專家的共識是合理的呢？我希望你現在可以用不止一面濾鏡來看待氣候變遷這項議題，對你們當中很多人來說，這可能是你第一次有辦法做到這一點；而有些人或許早就會了。

當你讀完這本書，遇到一個不甚完善的論點時，你會具備一種能力，可以從大罵笨蛋／白痴／智障等這樣的做法中超脫出來，無論何時，只要你碰到輸家思維都可以辨認出來，並且當你想要在書中找出一個實例時，你會有能力指出相關章節。比起辱罵別人的智商，這樣做的效果會好到讓你驚豔。

本書的第一部分會引領你認識各個不同領域中最好用的思維模式。我會著重在對日常生活有用的概念，而非那些奇特的理論和運算。一旦你具備了這個基礎，我會教你如何辨識出自己的精神監獄，並且推倒牆壁、逃出去。最後，我會教你如何幫助他人逃出他們的精神監獄。

> **精神監獄**：幻覺以及無效思考；會限縮我們的能力，讓我們難以真確理解世界並理性地採取行動。

我的資歷

是什麼讓我有資格，可以幫助大眾更有效地思考呢？

好問題，我認為在你繼續讀這本書之前，理當得到一個答案。

你大概知道我是《呆伯特》這套連環漫畫的創作者，這是歷史上最成功的連環漫畫之一，我取笑了那些存在於各個職場中，那些賣弄術語的人、一頭熱的人，以及滿嘴狗*不通的人。多年來大眾一直都在告訴我，我幫助了他們，讓他們得以看穿管理上的偽科學，以及其他如病毒般感染職場的荒謬信念。在《呆伯特》裡，我用幽默和嘲諷作為主要工具，幫助讀者從精神監獄逃脫。

多年前，我學到了一件事，就是要嘲諷一個**好的**點子幾

乎是不可能，除非你在關於這個點子的本質上撒了謊，或是略過了一些重要的背景資訊。「嘲諷」唯有在說服大眾不要相信荒謬的信念時才會成功——會築起精神監獄圍牆的那類信念。如果我可以讓你對自己所處的情境發笑，有可能我就是在幫助你更清楚地看見自己的精神監獄圍牆。

我也是位受過專業訓練的催眠師，並且在遊說他人這個主題上鑽研多年，也出版過著作。我的上一本書《超越邏輯的情緒說服》（*Win Bigly*），全都在談「說服」這主題。我成年後的生活幾乎都在使用這一套遊說技巧幫助人，讓大眾可以更清楚地理解這個世界。而且根據經驗，我知道這件事外行人難以做到。你那些聰明的朋友們沒有正確的工具和技巧得以跳脫他們的精神監獄，這樣的說法很可能也適用於你身上。新聞和社群媒體的商業行動彼此相互呼應，目的是讓你**待在**自己的精神監獄裡，彷彿在點擊農場工作的契約僕人，不停地在點擊。只要你點擊媒體的內容就好，他們需要你做的僅止於此。而且他們很清楚，如果有辦法能讓你在自己的偏誤泡泡裡轉來轉去，你就會愈加熱情滿滿地點擊連結。

「精神監獄逃脫顧問」（Mental Prison Escape Consultant）這樣的工作職稱並不存在，如果你實際上真的有心理健康的問題，醫生和心理治療師可以幫助你；但他們不會幫助你了解你對現實的日常結構認知錯得有多離譜。你的醫生無法糾正你收看偏誤的新聞來源和相信你所聽到的消息。你的心理治療師不會試圖說服你不要再去相信那些你信以為真的政治陰謀論。如果你在心理和生理上大致上都還算是個健康的

人，就沒有任何人有義務要協助你，讓你對現實有「正確的」理解。在你睿智地打開這本書之前，你只能靠自己單打獨鬥。

我會像個揭開魔術師手法的惡棍魔術師一般，向你解說那些把戲是怎麼做到的。你不需要自己成為魔術師就可以知道是什麼讓把戲奏效。魔術表演秀裡的「魔術」，只有在你知道它的法門和訣竅前才是神祕的；同理可證，當我向你說明你的精神監獄裡有哪些圍牆後，這些圍牆會在第一時間變得清晰可見，接著就會在你幾乎不費吹灰之力的情況下，逐漸消失。

一旦你學會看出精神監獄的圍牆與如何逃脫，你便會擁有更好的工具，引領你在這個我稱之為「黃金年代」的時代向前行。關於黃金年代，我會在後面的章節裡做更多的說明。

當今之世，是人類史上相當令人歎為觀止的一個時代。只要我們搞定自己內心的天人交戰，便能發現大部分的資源短缺問題都已被解決，不然就是可以被解決，而我，就是要幫助你達成這件事。

第 2 章

政治暖化

我寫這本書，是為了要在這個捍衛現實的守門員已然拋下自己職守的世界裡，指引你找到明確的方向。如果你生活在現代，那麼你有高達百分之九十九的機率會跟你的鄰居們一樣，活在某種泡泡般的現實裡。而你可能會困惑，為什麼其他泡泡裡的人就是看不到你說的每一件事裡的智慧和真相。你的泡泡跟其他的泡泡之間並沒有溝通的管道。當你試圖說服其他人，讓他們同意你對於世界的看法是符合真實情況時，其他的泡泡會豎起他們的屏障，阻擋你的觀點進入。他們有自己的現實，而從外部，你很難著手去改變他們，除非你是個有經驗且受過專業訓練的遊說家。

　　除此之外，其他人也會指控你活在泡泡裡，這讓事情變得更加複雜。然而至少在這一點上，他們或許至少說對了一半。一般來說，當他人活在自己的輸家思維所創造出來的現實泡泡裡，你會比較容易辨識出來，而當它發生在自己身上時，就沒那麼容易了。

　　我們以往所理解的現實正在快速地消失中。假新聞和陰謀論已成為我們誤以為自己身處其中的那個世界的基石。我們之中的任何兩個人，面對相同的證據都可能做出完全不同的解讀。政客、企業家，甚至科學家都在誤導我們，這已經是家常便飯。雖然事情並非總是如此，也不必然是故意為之，但是發生的機率已經頻繁到讓我們無法確認哪些是真的、哪些是假的。

　　最近我在電視上看到一場辯論，內容是關於美國的單一支付全民健保系統。有一方表示，十年後，這將會花掉

三十二兆美元；另一方則表示，這系統實際上可以省錢。兩種看法間，有著至少三十二兆美元的差距啊！作為參考，三十二兆美元相當於中國 GDP 的三倍，雖說關於現實狀況最後會如何的意見分歧，但差距不可能比這個更大了。

如今要獲得關注，而且是那種可以推動收視率和收益的關注，最好的方法就是使用一些具有煽動性的假新聞，以我的思考方式來看，這不僅包括在事實上不準確的表達，還包括了偏頗的報導，以及基於情緒的陳述。偏誤通常會伴隨著我所謂的意見堆疊，而這也會把偏誤打回原形。這樣的意見堆疊，經常可以在一些新聞談話性節目裡看到，裡頭會有個專家小組，專家權威們都持相同的偏誤意見，再加上唯一一個來自相對立場的專家，而這名專家的說服性通常相對較低。

有一項科技的改變破壞了新聞業，就是觀眾對於每一則新聞標題和每則新聞的衍生報導的反應，我們都可以一一去計量。一旦你能夠用可靠的方式測量出新聞報導各個角度的潛在收益，管理新聞的人就必須做出具有最佳獲利能力的決策，否則，對股東來說，他們就是辜負了自己應盡的職責。除此之外，高層的加給也同樣取決於盈收的表現。從科技允許我們去了解哪些類型的內容最能影響收視率的那個瞬間起，新聞產業中的舊商業模式媒體已成了行屍走肉。從那個時間點一直到今天，新聞的商業模式已然改變，從資訊的呈現變成了人腦的操弄。

我想要強調一件事，這個故事裡沒有誰是壞人，每個人

都是跟著被普遍接受且認同的資本主義在行動，也就是為了股東、也為了自己的事業，試著讓成效最大化。有所改變的主要是我們的能力，我們變得有能力可以去測量哪些類型的內容最有效。而當你正在管理一家上市公司，並且能夠測量出哪些東西是有效的，在你的行為是合法的前提下，你依據盈利而行動的誘因也就相當大。這個狀況正是如此。倫理是另外一個同樣很重要的議題，但在資本主義的脈絡下，倫理並不是可預測的。如果某件事既合法又有利可圖，那麼這件事就會發生，而且會常常發生。

新聞媒體擁有這樣一種商業模式：真正帶來的報酬是對於大腦的操弄，而非準確度，這會造成一項無可避免的後果，我稱之為**政治暖化**（Political Warming）。隨著新聞產業的技巧愈來愈好、愈來愈能刺激大腦的情緒中樞，因而可以想見民眾會持續處於一種「我現在是該揭竿而起還是溜之大吉」的焦慮裡。我想像不到的是，我們竟然還會有如此害怕和生氣的時候，至少從二戰結束後算起還沒有過。而這意謂著前方還有更大的風暴即將形成；這些風暴的形式將會是抗議與分裂。

我在寫這本書的同時，新聞裡充斥著政治應該要更加文明的呼籲，幾乎每個人都認同這個國家變得愈來愈分裂，我們正在用一種前所未見的方式讓彼此變得愈來愈亢奮，用輸家思維來看待這個情況的話，就會認為我們得要更努力地善待彼此。但這樣的處方對這個問題來說，其實是誤診。大眾並非是在一夕之間就發生了天翻地覆的轉變。新聞媒體的商

業模式操縱了我們的大腦，直到我們高漲的情緒，淹沒了我們起初還保有的一絲絲理智方才罷休。試圖和善待人並無法解決這個問題。新聞輿論的影響太過強大，而這全都是因為他們學會用非常精確的方法來測量自己行為的影響程度。

有另一個版本的現實，是建立在情緒基礎以及用釣魚行為所拉抬的點擊率上，而真相反覆地輸給這個版本的現實，在這樣的一個世界裡，你要如何知道什麼是真的、什麼是假的？更重要的是，當你無法確實地區分出真實與謊言，又怎麼有辦法替大局的利益設想——就算只是為了你自己的利益——並且做出相應的行動？

政治左派也好右派也罷，如果你對他們所推崇的那些全然驚悚的故事照單全收，那麼你大概就是在經歷輸家思維。有一個看待政治新聞較為有用的方式，就是要認知到，幾乎每一則主要報導都極盡誇張到逼近謊言的程度，其目的就是要讓民眾驚恐不已。如果你認為，你因為新聞而飽受驚嚇的這種感覺是合理而適切的反應，那麼你大概並不理解新聞的商業模式有了什麼樣的改變。二十年前，如果媒體上說某個東西既危險又可怕，而且還正在衝著我們而來，那麼你必須要嚴肅以對；而現在，新聞一則接著一則地供應著源源不絕的恐懼，但是，如果你了解他們之所以如此的原因，會對你有所幫助，讓你避開輸家思維。

新聞以及社群媒體上的那些慘澹前景和低迷憂鬱，可能會讓你產生一種這個世界問題很大的印象；而現實幾乎是完全相反。對於人類來說，現在是前所未有的榮景，而未來看

起來也是相當令人驚豔。這點我在後面的章節會詳加說明。

　　當你在讀這本書的同時，很可能會看到一些你認同的想法，以及其他一些你相當確定它錯得離譜的想法。現在，你已經收到這個警告了，我建議你先牢記一件事，亦即在你理解人類經驗的過程中，所理解到的最重要的一件事：**完全正確跟大錯特錯，兩者給人的感覺是完全一樣的**。對這本書而言，這正是最好的思想架構。

　　我們來看看幾個實務上的例子，在這些例子中，可以看到在各個不同學科中經驗豐富的人，他們在對於世界進行思考時，有著一些優勢，也因此得以悠游其中而不感到迷失。

用心理學家的
方法思考

如果你有心理學背景，那麼你看穿一些常見錯覺的能力，大概會比一半以上的人好，這些錯覺會對我們的認知產生影響。為了達成這本書的目的，我會著重在那些我所看到的、最常在社交媒體和新聞上出現的錯覺。

讀 心 術 的 錯 覺

　　假設當你在抱怨其他人時，內心有著堅信自己可以推測出他們心中所想的念頭，這代表著你可能處於精神監獄之中。我們以為自己很善於判斷別人在想什麼，事實上並沒有。老實說，我們在這方面表現得爛透了。但身為人類，我們通常一方面深信自己精通此事，另一方面卻又認為其他人對此才疏技拙。

　　我已經身為公眾人物好幾十年了，也曾經是公眾強烈批評的目標──基於各式各樣的事由──且大部分時間皆如此。我不是在抱怨，因為批評是跟著工作一起來的，況且我也清楚我讓自己捲入了什麼樣的事情裡，有趣的是，在我收到的批評中，大概有百分之九十的陌生人皆錯誤地假設自己知道「我一定是這樣想」。只消快速查看一下我推特的動態牆就會發現……

　　　──有人主張我擁護說謊的行為
　　　──有人主張我贊同新納粹主義

——有人主張我在某個事實上撒了謊，目的是要「賣書」

——有人主張無論總統做出什麼行動，我都會替這些行動辯護

對我來說，這些內容都只是尋常的早晨時光罷了。對了，順帶一提，這些主張沒有一個是真的。這些主張全都基於一些陌生人自詡他們可以看穿那些我具體寫下的文字背後，不為人知的念頭。這件事替我開了一扇異常乾淨明亮的窗，讓我可以清楚地看到，人類有多常表現得彷彿自己會讀心術似的。如果有一天，你聲名大噪，屆時你就會知道我在說什麼了。到那個時候，評論你的人同樣會誤解你內心的想法，同時卻又言之鑿鑿地一口咬定自己並沒有做出這樣的行為。

即便是最了解我的人，都無法百發百中地推論出我在想什麼，即便猜對，次數也跟發生巧合的機率差不多。顯然，我在生氣時和專心撰寫一則好笑的推文內容時，看起來的樣子和做出的行動是一模一樣的。而且，我無聊的表情和肚子餓的表情也差不多。你大概也有類似的經驗。

錯誤的讀心術所帶來的衝擊就是，你我都經常因為別人**以為我們在想什麼**而受到懲罰。我不想因為別人錯誤的想法被處罰；我敢打賭，你也不想因為別人的想法受到處罰。

假如你的意見是建立在自認了解的某個陌生人的內在想法上——即便是某個跟你很親之人的內心所想——那麼你很

可能正身處精神監獄裡。你所能知道的只是人們說了些什麼以及做了些什麼，而就算是這些資訊，都有可能是不完整或缺乏前後文；你絕對無法像你自以為的那樣，總是可以分辨出他人在想些什麼。你只是感覺自己擁有這種能力，這是一種錯覺。

只要你有使用社群媒體，哪怕花在上面的時間並不多，又或是你會關心新聞動態，那麼你就會知道，那些建立在讀心術之上的政治分歧，所占據的比例高到一個令人擔憂的地步。看起來就像這樣：

1 號人士：我希望全體公民都享有健保。

2 號人士：你真正的目的是全面社會主義。

1 號人士：不是，我喜歡資本主義，但是，是在某些領域有社會安全網的資本主義。

2 號人士：得了吧，我知道你**真正**想要的是什麼，你這個馬克思，你是騙不了任何人的。

讀心術並不限於政治光譜的特定哪一端，這裡還有另外一個例子：

1 號人士：我比較偏好以積分為基礎的移民政策。[1]

2 號人士：換句話說，你希望膚色深的人少一點，你這個種族歧視的傢伙。

1 號人士：不是，我想要的是來自世界各地、能成

為好公民而且能對社會做出貢獻的人。他們大部分
都不會是白人，因為這個世界大部分都不是白人。

2 號人士：掰得不錯啊，希特勒。

我得說句公道話，在這兩個例子裡，所有人都不認為自己在讀心，他們都認為自己對於事件的解讀再明顯直白不過了，以至於就算是頭腦簡單、缺乏常識的傻子也可以察覺到他們所察覺的這些資訊。

我在寫這個章節的同時，評論家正在指控一位政治人物，隆恩・迪尚特（Ron DeSentis），[2] 一個種族歧視者，因為他將他在佛羅里達州州長選舉中的競爭對手——一位非裔美國人——稱作是「口齒伶俐的」；[3] 不僅如此，迪尚特在另一個情境裡還提到了，他並不想要任何事使這件事得以繼續「猴鬧」下去（monkey this up），以此宣稱他的失言事件在當時已經造成政治效益。評論家表示，迪尚特是在向他的支持者「吹了聲祕密的、種族歧視的狗哨」。[4] 批評他的人

1　譯者注：指的是非公民人士是否能夠成功移民至特定國家或地區，取決於其是否在當地評分系統中獲得足夠積分，積分的取得包括教育程度、語言水準、資產等級等等。

2　譯者注：二〇一八年代表共和黨當選佛羅里達州州長。

3　譯者注：在美國，稱非裔人士為「口齒伶俐、善於表達的」因常帶有驚訝、驚豔的情緒，似乎在暗示並不期待非裔人士具有這項能力，因而被視為帶有種族優越感的字眼。

4　譯者注：狗哨指的是透過暗語或隱語，向特定群眾傳遞特定訊息；一般民眾會理解為在表達訊息，但對於特定群眾而言，則具有不同的意義，屬於政治手法的一種。

所做出的推論是：因為他們自己都了解**口齒伶俐**和**猴子**這兩個詞彙，在每種情況下使用都具有種族歧視意味，因此，迪尚特一定也對這個事實一清二楚。而假如他知道自己用的詞彙是既冒犯人又充滿種族歧視的，那麼他一定是故意為之，目的是向種族歧視者傳遞某種訊號，因此，他一定是個種族主義分子。

快速地查看一下推特，就可以確認一件事，有許多受過教育的人都不清楚這件事，即對著一名黑皮膚的人士說**口齒伶俐**這個詞，在歷史上一直被視為是相當冒犯人且語帶挖苦的恭維話。迪尚特是屬於那一群知道這個詞的用法是非常不禮貌的人？還是對於這件事情毫不知情的眾多人數之一？我們可以知道他說了什麼和做了什麼，但我們無法從中確實得知他在想什麼。

知道**口齒伶俐**這個詞有挖苦非裔美國人之人士，可能會自行認定迪尚特也知道這件事；從未聽說過這個詞會冒犯到非裔美國人的人，則會認定迪尚特也不知道這件事。實際上，雙方人士都認定迪尚特的心智和思維與自己相去不遠；基於這點，他們皆表現出彷彿自己可以讀取迪尚特的內心想法似的。

同樣的論點亦適用於迪尚特失言說出「猴鬧」這件事。理性的觀察者們都知道，在討論一位非裔候選人的這種語境下，使用任何跟猴子有關的指涉都是對人相當的冒犯；但那些覺得這只不過是個有趣的字、不認為這有什麼的人，也同樣理性。這樣的用詞可能只是拼接了**猴戲**和**胡鬧**這兩個相較

之下比較常見的詞彙，組合成了「猴鬧」這個詞。而由於兩種政治立場的人都認為迪尚特跟自己的思考方式一樣，兩邊人馬都分別處於不同的現實裡，這種現實是從他們自己的幻覺中建構出來的，這個幻覺就是他們認為自己可以讀懂一個素昧平生之人的心。

如果我們客觀看待迪尚特的話，我們能夠確定的只是他犯了兩個政治／言語上的錯誤，而這種錯誤是許多人都知道應該要避免的，卻同時也有其他人並**不知道**應該要避開這些錯誤。我們可以觀察到，使用這些詞語替迪尚特招致不必要的政治問題，但我們無法知曉他內心的想法。如果你認為自己能知悉一個陌生人的內心想法，並對此深信不疑，這就會是一個訊號，提醒你可能對自己的意見太過於信心滿滿了。

我對於迪尚特這個狀況的理解是，很難想像會有一個人，擁有足夠的聰明才智代表主要政黨出征，成為地方首長候選人（而且從我開始寫這個章節到現在，他已經當上州長了），卻又同時愚笨到認為自己在選前表現得像是個超級種族主義者，會在現代社會中為自己帶來任何好處。我無法想像在任何現實中，有個人可以——至少在意識層面上——既是如此聰明又如此愚蠢。在我看來，對於迪尚特這個錯誤最好的解釋便是：他並不知道他的話有冒犯意味。[1]

這樣的可能性有多高呢？

政治人物會在一些特定的主題上反覆地展現出自身的無知。你去問問你那區的參議員，一加侖的牛奶多少錢，如果參議員知道的話，拜託你把答案告訴我，因為我完全不知道

牛奶的價格。受過教育且知識淵博的人，經常在對於世界的了解上有著很大的斷層。

可能有些人會提出這樣的論調，表示迪尚特所選擇的用語揭露了他**潛意識**上的偏差，光是這一點就已經夠糟了。但這不會是你希望社會所採納的標準。想像一下，一位同事向人資提出申訴，因為他認為從你的日常用語中可以確認，你是個心胸狹隘又偏執的人；這不會是你喜歡生活在其中的那種世界。因為你的同事們是無法準確從你的隻字片語中推測出你內心想法的。

口誤對於競選公職的人來說，可謂是稀鬆平常。我自己的偏差會是這樣的：假設對於我們所觀察到的現象，有兩種觀點都說得通，那麼相對於一個超乎常理的解釋，我會偏好於去選擇另一個平凡普通的解釋。

以二○一六年那個名聞遐邇的披薩門陰謀論（Pizzagate conspiracy theory）為例，這個陰謀論宣稱華府的某家披薩小店，其實是戀童癖集團用來作為掩護，而柯林頓和希拉蕊也牽涉其中。[2]假設這是真的，當然事實並非如此，這將會是異常超乎常理的情況；較為平凡且普通的解釋是，人們會在社群媒體上，不停地散播一些荒謬的陰謀論。兩個解釋版本裡，披薩門登上新聞的第一天，我就選擇了相對上較為普通的解釋──這件事是假的。有一名二十八歲的男子，則選擇了超乎常理的那個版本，並因而攜帶了攻擊性武器襲擊了這家披薩店，看看自己有沒有辦法能將那些兒童救出來。這名男子被逮捕了。

二〇一七年，新聞報導美國駐古巴的大使館人員，在沒有明顯動機的狀況下，可能受到某種「聲波武器」的攻擊，當時我選擇了普通且平凡的解釋──這是集體性歇斯底里的案例之一。如果你並非歷史系或是心理系的學生，可能就不清楚集體性歇斯底里有多麼常見。我知道這現象很常見，因此，我挑了這個事件中最普通的解釋，在我寫作的這個時間點，還是有一些專家相信真的有涉及聲波武器，但是並沒有找到確切的證據。記住，我們生活在這樣一個年代：只要投入足夠的資源，幾乎所有的犯罪案件都可以被查清。而這一起案件並沒有解答，這一點支持了我「平凡」詮釋的論點，認為事件並不涉及聲波武器的使用。我確實認為大使館裡，有幾個傢伙有嚴重的健康問題，但我們可能永遠不會知道是什麼造成的。③

比起一些超乎常理的解釋，我更喜歡普通且平凡的解釋，但這麼做並不會讓我每次都是百分之百地正確。有些時候，不那麼普通的解釋才是正確的，只是這比較不常發生罷了。如果你正在思考著，自己是不是身處在精神監獄之中，那麼記得這兩項規則，可能會對你有所幫助：

> 如果你的意見是基於某種信念，是相信自己能夠得知某個人的內心想法，那麼你可能就正在經歷輸家思維。

以及……

> 如果有一個既普通又平凡的解釋可以符合觀察到的事實，但是你還是選擇了那個超乎常理的詮釋，那麼你可能就是對自己的意見太有自信了。

我認為，大部分的知名人士都經常會有這種經驗，素昧平生的人常常會錯讀他們的心，而他們則是氣餒地認為這相當正常；如果你並不是知名人士，可能就不是那麼了解讀心術的錯覺，有多經常扭曲大眾幾乎在每件事情上的觀點。

>> 替別人貼上邪惡的標籤

如果你在網路上花超過五分鐘，就會注意到，大眾會替他人貼上各式各樣的標籤，像是辯護者、種族主義者，還有其他帶有「邪惡」意思的詞彙，而這麼做經常會是輸家思維的一種。

有一點我要說清楚，如果你所談論的對象是把被害者的殘肢遺骸放在地下冷凍庫裡的人，那麼就放手去指控他是個邪惡的人吧。我自己是會稱之為心理疾病，但我不認為同時將這件事貼上邪惡的標籤有什麼壞處。在這個例子裡，我是假設案件裡的每個事實都是毋庸置疑的。

當我們以為自己得以讀取他人心智（而不去觀察他們的行動），且我們完全、絕對在他的心智裡頭看到了些許的邪惡時，輸家思維就會進來攪局。我們人類並未進化成為讀心

術士，我們倒是進化成了那種在貿然做出荒唐結論時，卻又認為自己沒這麼做的人。所以如果你要從賠率來看的話，你自信滿滿地認為你能看到別人靈魂裡的邪惡的機率，相較於成為第一位具有通靈能力的人，可能低得讓人發瘋。

我們很喜歡這樣想：認為自己有能力可以透過觀察人們的行為，來判斷他們是相對的善還是相對的惡。但這一點只有在簡單的事情上才行得通，像是犯罪和霸凌；並且只有在我們對於各項事實非常確定的時候才行得通。比較典型的情況是，對於如何在這個世界中達成更大的集體利益這件事情上，眾人皆有著不同的想法。你可能認為資本主義是讓世界變得更好的唯一方法，同時，別人卻認為我們應該更聚焦在公平與分享上，但你則有可能視其為社會主義。在我舉的這個例子裡，沒有哪一方的意圖是邪惡的，然而這兩個方案中的其中一個，可能會比另一個更好，更能夠達成更大的利益。在探尋更好的世界這條路上，偏好其中某個方案並不邪惡。如果有人表現得彷彿這是個邪惡的舉動，那就是輸家思維了。

> 如果你有能力可以直視一個陌生人的靈魂，並且看到其中的惡，那麼你可能正在經歷輸家思維式的幻覺。

>> 社會主義分子和種族主義分子

如果你用來駁斥批評者的方式,是在他們身上貼上一些他們自己並不認同的標籤,那麼你可能就是在進行輸家思維。如果你把那些希望每個人都有良好健康照護的人稱作社會主義分子,或是把那些希望進行強力移民管制的人稱作是種族主義分子,你都不算是在進行理性的辯論。擁有良好論點的人,會把他們的論證拿出來用;而缺乏有力論證的人,則試圖用貼標籤來獲勝。

如果你不是依據因果關係的推敲,而是靠貼標籤來批評他人,那麼你就是在進行輸家思維。

奧卡姆剃刀理論

奧卡姆剃刀理論(Occam's razor)是一個概念,指的是針對一個事件最簡單的解釋,經常就是正確的解釋。這個思考迴路的問題在於,這完全就是胡說八道。在心理學領域受過訓練的人就可以立刻看出問題所在。在科學的環境裡,與事實相符、最為簡單的解釋通常會受到青睞;但是在一個非科學、更為混亂的世界裡,我們都認為自己對於世界所做的解釋是最簡單的那個。

創世論者:上帝創造了萬物。簡單明瞭!

科學家：演化論創造了萬物。簡單明瞭！

　　奧卡姆剃刀理論經常被應用在辯論當中，這也是反向思考的一個例子。我們以為自己是經過檢視，看了幾個不同的、各自對立的解釋之後，選出與數據相符、最簡單的一個，以此形塑了自己的意見。我猜有些時候的確如此，尤其是在情況不複雜的狀態下；但對於任何複雜或是那些「很大」的問題，我們就很可能，甚至應該說更有可能，僅只透過一些綜合的、非理性的影響，來決定自己的意見；接著再大大方方地宣稱，這是最簡單的一個解釋，藉此來替自己的立場辯護。

　　奧卡姆剃刀理論引我聯想到試圖向敵人投擲鐵砧的人，如果你有辦法舉起一塊鐵砧，並拋擲出一英里之外，那麼鐵砧的確會是個強而有力的武器；但如果你做不到，那麼鐵砧就算不上是一種武器。同理可證，如果大眾有辦法在數個互相對立的解釋中，精準地推理出何者為最簡單的解釋，奧卡姆剃刀理論就還有點意義，但是我們做不到，所以奧卡姆剃刀理論並沒有什麼用處。

> 在科學的領域裡，與事實相符且最簡單的解釋會受到青睞；而在生活中，我們都活在一種錯覺裡，以為自己對事物的解釋就是最簡單的那一個。

投 射

在心理學的領域中，有一種現象叫作**投射**。簡單描述一下投射是什麼，投射指的是人們會指控他人擁有一些缺點，而這些缺點其實並非是受指責的對象所有，而是做出指責之人自身的缺點。舉例來說，一個騙子可能會指控誠實的人是騙子，並且可能真心這麼認為。或者是，一個小偷可能會指控別人偷竊——諸如此類。

我對於投射的看法是，若是一名受過心理學訓練，具有相關背景的專業人士，並且也花了點時間跟個案相處，那麼，他就有**可能**有能力可以診斷出投射心理。騙子在看世界時，會帶有濾鏡，認為其他所有的人也都在撒謊，這一點相當合情合理。所以我的確認為投射心理是真的存在，也認為專業人士能正確地辨識出個案的投射心理絕不只是巧合。然而，當在社群媒體上，有一些人既不是心理健康方面的專業人士，對於目標個案的個人生活也不是特別熟悉，那麼他們在評論中所診斷的：那些素昧平生的人正在經歷投射心理；這就會出問題了。比起科學，這種行為更接近輸家思維。

我不相信一般人有辦法分辨出一個基於觀察而得出的意見、與那些我們會適切地標注為投射心理的事情，這兩者之間的差別。倘若我指控你是個騙子，可能是因為我才是一個騙子，並且產生了投射心理；但也很可能我是對的，而且不止一次抓到你在說謊。這些狀況表面上看起來都一模一樣，

而實際上，我們並非經常總是站在一個可以查核事實的立場。人類並不擅長查核事實，如果你需要一些證據來佐證這個說法的話，去看看任何一則政治上的討論吧。

無論是針對什麼主題，各方人馬皆會認為自己所擁有的事實是正確的，而其他立場的人都是在妄想。不管在哪個特定的議題上，哪一方才是對的，我們唯一可以確信的就是完全正確跟大錯特錯，對我們來說，兩件事情的感受完全一樣，我們無法分辨兩者的差異；假如我們能夠做到這一點，那麼在每一件重要的事情上，所有人就都會彼此同意、取得共識了。

在下方的意見交流中，羅伯・雷納（Rob Reiner）對於總統的人格特質發表了一些看法，而我們可以看到有位留言者幫他貼上了投射心理的標籤。假如這位留言者是在指稱雷納進行了讀心術式的輸家思維，並顯然認為自己可以推論出一位陌生人的內心想法，或許會更準確。我們並沒有對應的專業技能，讓我們得以診斷出他是否有投射心理。

> 投射心理是真實存在的現象，但如果你認為業餘人士有辦法在素昧平生的人身上判斷出投射心理，那麼你可能正在經歷輸家思維。

羅伯·雷納 @robreiner 11 月 12 日

我們的國家正由一位反覆說謊，並且無知、起伏不定又厭女的種族主義分子所領導，對於這件事，我跟大多數的美國人一樣，感到相當無力且反感。而既然這位美國總統對於惡劣的天氣相當反感，[5] 是時候該用鞋子下一場可以拯救民主的雨，讓他淋一淋。

💬 2.4K　⤴ 7.3K　♡ 30K　✉

格雷瑪爾瑪爾
@GrayMareMare

Follow ⌄

回覆 @robreiner
@ 史考特亞當斯說

🔍🔒　投射

投射心理　　↗

投射心理是一項心理學理論，人類會以投射進行心理防禦，對抗那些他們自身所具有、卻又令他們感到不適的衝動，其方法是否認這些衝動的存在，同時卻把這些衝動強加在他人身上。舉例來說，一個習慣性沒禮貌的人，可能會常常指控其他人很沒禮貌。這種機制可能會透過遷怒的形式來展現。

Ｗ　維基百科

10:01 PM 2018 年 11 月 17 日

💬　⤴　♡　✉

5　譯者注：推文中所指的事件可能是白宮聲稱，因巴黎天候不佳，故取消總統赴法行程，該行程原為法國墓園追念一戰中身亡之美國將士的活動，此事發生在二〇一八年十一月十日，此事在新聞媒體以及社交媒體上皆飽受批評，而本推文發布時間為二〇一八年十一月十二日。

自尊問題

要看待我們稱之為自尊的這件事，有兩種方法。有一種極為有用；另一種則是輸家思維。而我這麼說的意思是，你去做第二種的話，幾乎可以保證你在事業以及個人生活中都將一事無成。

看待自尊有效的方法是，把它當成一種工具，不要去認為它反映了真實的自己。如果你把你的自尊當成工具，你便可以有所選擇，在需要的時候放大一點，在其成為一種障礙的時候，就把它縮小一點。

當我們人類對於自己的能力所做出的評價，高於事實所能保障的程度時，如此的心理狀態會在某些方面帶來最佳的成果，包括運動、考試、戀愛、社交生活、事業和其他。這是因為自信心跟成功與否高度相關。自信心要運作到最好，就是即便缺乏有效證據的支持，還是要相信自己可以做得更多更好，卻又不至於多到瘋狂的程度。

舉例來說，我不會讓我的自尊告訴我，我有一天可以打進 NBA，我這樣想的話就太瘋狂了。不過，我可能會允許我的自尊告訴我，我可以變得相當富有，足以讓我買下一支 NBA 球隊。這種結果的可能性也是相當的低，但還不算是百分之百的瘋狂，有鑑於我本身的個性就是野心勃勃，並且已經算是小有財富。在這個例子裡，我有自信認為自己可以戰勝這個極低的可能性，這樣的信心可能會讓我充滿動力，讓我以一種具有生產力的方式，向著那個方向前進。

舉一個目標小一點的例子，像是在面對一個許多人都想爭取的工作機會時，說服自己、相信自己是眾多應徵者中的佼佼者，這個信念會讓人覺得你充滿自信，正好是面試工作時最好的狀態。有自信的人在壓力下會表現得較為出色。只是你也不會想要過度放大你的自尊，因為這麼做會給人一種目中無人的感覺，對自己撒一點小謊——來提高你的自尊——可能會是相當有成效的，但不要做得太過火了。

》 放大你的自尊

　　當我需要放大自尊的時候，我會提醒自己，我即將要面對的這些人跟我沒什麼兩樣，意思是，這些人跟我一樣，他們也只是在假裝自己信心滿滿又很能幹。這個世界並非一個公平之境，很有可能你面對的人之所以在現在的位置上，並不是因為他們的才智過人、吃苦耐勞以及他們的人格特質。隨著在生活中逐漸累積的經驗，這個真相會變得愈來愈清晰可見。我們都在扮演某種樣貌，希望觀眾會買帳。你所扮演的模樣跟你真實的本性可能在某種程度上算是接近，也可能兩者相去甚遠；但無論如何，都是在演。一旦你欣然接受了這項事實，也就是說，我們所呈現出來的都是真實自我的「加強版」，無時無刻不是如此，如此一來，你就可以稍微鬆一口氣，並且進入你的角色。想到自己跟一群自信滿滿的專業人士共處一室，而自己是在假裝的那一個，這個想法很嚇人；幸運的是，真實的狀況幾乎不太會是如此。一般的情

況——也就是你應該視為事實的情況——會是這樣：我們都是有缺點的人類，也都在假裝自己完美無瑕；你不是唯一一個有缺點的人，從來都不是。

我發現跟自己對話也很有幫助，可以對自己說「這方面我很厲害」這類的話，即便在理智層面你並不全然相信。你真的可以透過重複單一話語來說服自己變得更加有自信，這是一個很有用的過程，直至由假成真。

呼吸和身體的姿勢也是在面對特定狀況時，你能否調控自身信心的一個重大變因。學習如何正確地呼吸：用鼻子吸氣、用嘴巴吐氣；吸氣時，讓你的橫隔膜下降，這跟那種淺層的、把空氣吸到胸腔裡的呼吸法相反。時常使用正確的呼吸法呼吸，特別是在投入一個緊繃的情境之前。

你的肢體語言也會對你的自尊和自信產生影響。保持挺直的姿態，把你的身體「張開」，不要蹺腳或是雙手交叉在胸前。盡可能地在自己舒服的狀況下，讓身體的活動空間愈大愈好，包括說話時連帶的手勢。這會產生一石二鳥的雙向效果：你會向其他人傳遞出一個訊號，告訴他們你很有自信；同時，也會誘發自己，讓你真的變得更加自信，因為你開放的姿勢會讓你的心理聯想到自信感。你可以自己測試看看，把手臂交叉、駝背，看看自己有什麼感覺，然後做相反的姿勢，張開雙臂、把背挺直，並且正確地呼吸。你馬上就可以感受到其中的差異。

如果你並非天生是個外向的人，人際接觸可能會讓你有些尷尬與不自在，而這可能會導致你的自信心縮水。最簡單

且最好的防禦措施就是，事先準備好一些問題來填補空隙，求職面試時尤其如此；聰明的提問會讓你在那些只會回答問題的人當中成為炙手可熱的人選。當你成為一個很會提問的人，就會看起來像是整間屋子裡最有自信的人，而你的問題會讓你有種掌控全場的感覺，這對你的自信心很有幫助。

學習用眼神交流、學著微笑，並且學學怎麼樣信心滿滿地跟別人握手。如果你做到這三件事，幾乎每個你接觸到的人都會對你有很好的第一印象，並認為你就是一個自信滿滿的人。而且第一印象的黏著度很高，當眾人看到你充滿自信的模樣，他們就會以對待一個信心滿滿的人的方式來對你，進而又會強化你實質的自信心。

另一個有用的小技巧是去想一些你擅長的事，提醒自己你所擁有的才華和決心。如果你並不特別擅長任何事情，那就試著改變這種情況吧！找一樣你可以投入練習的運動、嗜好或其他活動，直到你擅長為止。在任何一件事情上面得心應手，會讓你在一些不相關的事情上更有信心。在某件事上從零基礎的初學者到專家，一旦你有過這種經驗，你就會開始認為每一項你還不會的技能都是你能夠養成的。

我也很推薦規律的運動，這可以消耗掉多餘的能量，並且也是個檢視情緒和精神狀態的方法，你的體態也會對自信心產生直接的影響，如果你體態健康，看起來就會更有吸引力，這會讓你無論遇到任何的情況，都會更有自信。

> 當你擁有健康的體態，無論你遇到任何情況，都會更有自信。

為了你的方便起見，我把這些技巧總結在這裡：

- 告訴自己「這方面我很厲害」
- 學著如何正確地呼吸
- 改善你的姿勢
- 管理你的肢體語言
- 如果你很內向，隨身準備好一些問題，那麼你就可以引導對話的方向，並且總是有些話題可說
- 與人握手要堅定，並直視對方的眼睛，這可以建立良好的第一印象
- 回想你擁有的技巧和擅長的事情
- 規律運動，釋放掉不安的能量

　　我是個經驗老到的媒體專業人士，做過好幾百次的訪談。我曾經在上百個被觀眾塞爆的場地演講，經歷過各種商業上的應對進退和社交情境，但是在進入一個新的狀況之前，我依然還是會採用上述的這些方法。管理自尊和自信是一套終身適用的方法。

≫ 縮小你的自尊

　　人生會給你各式各樣的情況，讓你可能會想要降低自己的自尊，例如，當你發現自己在工作上或是社交生活上與人意見分歧的時候，提醒自己一件事可能會頗有助益，即有可能這一次對方才是對的。這也是我之所以建議要記錄下這種狀況發生頻率的原因之一。我建議你記下自己有多常對一件事情非常確定，之後卻發現自己大錯特錯。舉例來說，如果你認為某個政治情勢會朝著某個特定的方向發展，那麼你就做出一個明確的預測，並寫在日記裡、在社群上分享，或是跟一個親愛的人分享，假如你說得不對，日後這個人很可能會提醒你。這裡很重要的地方在於，你要對那些基於自己對世界的觀點所做出的預測，有所付出並做出承諾，且認真以對，如此你就比較不容易忘記。把你的預測內容從腦袋裡拿出來，放到實體世界裡，能讓你有機會在經過一段時間後，再回來審視這些預測是否準確，而不會遇到選擇性遺忘這種問題。

　　如果你跟大部分的人一樣，你就會體認到，你對未來所做出的預測，成功預測的紀錄比你所想像的次數要來得糟。這種謙遜認錯對於你能否逃出自己的精神監獄至關重要。讓自己記得幾個鮮明的錯誤實例，如此，在未來遇到其他狀況時，你就會適度地保有謙卑的心態，不再認為自己是全知的。

　　當你可以毫不費力地，把過去的錯誤視為一種學習經

驗的時候，就別把它當成是一種缺失，因為這些錯誤的的確確就是學習的歷程。一旦你可以張開雙臂，擁抱那些隨著犯錯而來的學習價值，你便會發現，在面對任何情況時想想：「但這次我可能是錯的」會變得更容易。

你會遇到一些場合，會讓你想要縮小你的自尊，避免讓自己看起來像個混蛋。舉例來說，有時候你可能會需要在其他人面前假裝你對自己的意見也是存有疑慮，即便你其實沒有。否則就會看起來像是個目中無人、自以為是的萬事通。如果是情勢所需，不必猶豫，就裝一下謙虛吧。但也不要做得太過火，整體而言，人們還是比較喜歡有自信的人。

如果有一個人認為，自尊反映了真實的自我，而非一種可視需求放大或縮小的工具，那麼他所擁有可以通往成功的路徑就會比較少。試想，一個有可能成為你老闆的人問你，是否願意從一個比你目前工作更低的職位開始做起，但如果你表現出色，在未來會有更多的發展機會。視自尊**等同**真實自我的人，就會拒絕這種讓他們自覺被貶低的工作機會；把自尊當作工具的人，則可能會接受這份工作，而仍保有自信，相信這份工作會帶來更好的未來。

我舉這個例子，是因為我曾讓我的自尊引導我拒絕了一份工作邀約，那是由一家銀行的高層所提出的，我曾經在這家銀行工作，工作邀約的內容是聘請我擔任這位高層的「跑腿」（一個不重要的助理職），從自尊的角度出發，跟我當時的職位比起來，這可是很大步的倒退嚕，我當時已經在帶領一個小組了。過了一陣子，我同事接下了這個位子，並且

跟高層主管們建立起了很重要的人脈，很快地，他就成為這家銀行史上最年輕的副總裁。若非我的自尊心作祟，那可能就會是我的職業生涯發展。

　　大眾常常問我，怎麼做才能進入漫畫這一行？他們經常會向我展示他們的漫畫作品，而大約有百分之九十的時間，我的建議會被否決，單純只是出於自尊心上過不去。**自尊**這個詞從來不會出現在討論裡，但幾乎總是隱含著某種形式的「藝術上的堅持」，這對我們的目的來說，兩者是同一件事情。想要吃「藝術」這行飯的人，並不想要聽取大眾需要的是什麼，他們想要聽到的是，他們的主意是多麼地令人驚豔，即便事實並非如此。這就是自尊。當你的自尊在替你做決定時，就是輸家思維。

　　數年前，有位年輕的漫畫家，當時尚未取得多少商業成就的他請我吃了頓午飯，想要從我這兒取經。我跟他談了兩個小時，給了他我在這方面所能提供的、最好的建議，他邊聽邊做筆記，中間停下來追問了幾次，釐清了一些東西，之後，對於我所提出的建議中的許多項，他皆付諸實行。他的名字叫做斯蒂芬‧帕斯蒂斯（Stephan Pastis）。他的連環漫畫《對牛彈琴》（*Pearls Before Swine*），現在已是世界最頂尖的連環漫畫之一，而他也成為了千萬富翁。

　　你可能會認為斯蒂芬‧帕斯蒂斯這個人缺乏自尊，因為他將我的商業建議無縫地融入了他的藝術作品。然而事情遠非如此。他大可像你見過的幾個人那樣，放大他的自尊。但我觀察到，他在顯然有需要時才會這麼做，當自尊的出現會

造成問題，他就將其縮小。對於帕斯蒂斯而言，自尊是一種工具。如此的心態加上令人印象深刻的才能讓他變得富有。我見過很多想成為漫畫家、才華橫溢之人。但是，很少能找到一個知道如何擺脫自尊監獄的人。

　　一九八九年，我自己的連環漫畫《呆伯特》首度被刊登在報上時，我針對的主題都是那些我自己覺得很好笑的，大部分都是一些吸引了我的注意的通俗笑話；但是我的受眾們用上千封的電子郵件告訴我，他們比較喜歡那些呆伯特在辦公室裡的漫畫，假如我當初把自尊心視為自我核心價值的一種展現，而非一種工具，那麼我的「藝術上的堅持」很可能就會阻止我去聽取受眾們的意見。但是我當時的工作經驗以及教育養成主要都是屬於商業範疇；在這個領域裡，客戶就是老大，只要實務上可行，無論什麼時候，客戶要求什麼就得做什麼。我當時就是這麼做的，我的自尊是種工具，不是座監獄，掌握了這點就等同擁有一把鑰匙，讓我開啟了我所擁有的價值，並以此為世界做出奉獻。

　　在過去幾年中，我在 Periscope 這款影音串流 App 上逐漸累積了一群觀眾。剛開始時，我自知我有一張娛樂產業所謂的「廣播臉」。[6] 我的聲音聽起來很沒自信，而且老是在清喉嚨和吸鼻子。我年紀太大了，玩不動這種東西了，而且我也不具資格去談論我在上面提及的主題。如果我的自尊平

6　譯者注：意即，不適合上鏡的長相。

平，就不會在我的事業中下這一步棋、做這樣的嘗試了。但是我那時很想要把這項技能加進我的能力包裡，除此之外，我並沒有什麼更大的企圖。我在 Periscope 上最開始的前幾個月相當不自在、講的內容很沒重點且一點也不受歡迎。最普遍的評論大都在說我其貌不揚。年輕人想要讓我丟臉，進而從這個平台上知難而退，他們指出這一點：這個平台是設計給一百歲以下的人用的。

當你的環境中充斥著不經意的殘忍，那些認為自尊反映出自我的人就會想要打退堂鼓。但是我把自尊看作一種工具，而且在這個案例裡，我這麼做讓我得以在一個新的媒體上吸收經驗、獲得曝光，並且壯大我的能力包。時至今日，絕大部分的主要新聞公司都在 Periscope 上追蹤我，還有很多分屬不同層級、具政治影響力的各方人士也在追蹤我。這件事情有多重要？在現今的世界裡，影響力乃取決於不同溝通技巧的組合，以及所能觸及的層面。我是個受過訓練的催眠師，並且正在書寫與出版一些跟說服力相關的內容，而現在我有管道可以跟一群舉足輕重的觀眾進行直接的溝通，我之所以做得到這一點，唯一的原因就是，我起身反抗那些看守著我自尊監獄的守衛。這些守衛告訴我，對於 Periscope 來說，我太醜又太無知，他們說的也不完全錯，但完全不重要，而我也是如此看待他們。

我經常會觀察到一種人，他們急切地想要在一些政治爭論中取得勝利，卻深陷自尊的囹圄。人們都希望自己是百分之百正確，同時還希望把對手說成百分之百錯誤，這有時

候會讓你置身於荒唐的境地，並使得你對理性和事實全然蔑視。（受到自尊驅使）因而產生的、需要自己是對的這種需求，會排擠那些讓自己變得有說服力的機會，但這才是辯論的重點所在，在有成效與自尊之間，選擇自尊的話，就是典型的輸家思維。

> 成效比自尊重要得多了。

最近我發現自己身陷在一個輸家思維的陷阱裡。在這個陷阱中，我以為自己的表現反映了我這個人的價值。這個我想像出來的現實所造成的後果就是，我在使用自助洗車機的時候變得憂心忡忡，老是擔心會不會出糗，而這種擔心是非理性的。我的車子因此髒得要命，我又找不到一個可以同時滿足我的行程表以及我的自尊心的解決方法。我不想告訴任何人我對於自助洗車系統的怪異恐懼，讓自己看起來像個傻瓜，但是我也不想要自己一個人去嘗試，然後讓自己成為加州三谷地區唯一一個無法按照指示洗車的白痴。在我自己所想像的未來裡，我會被卡在洗車機的某一側，最後他們得拆卸整座機械救我出去。新聞標題則會是這樣：「毀掉洗車系統的白痴漫畫家。」

你可能會好奇，我聰明到可以出書、並順利通過種種人生的複雜難題，怎麼可能在面對自助洗車機時望而卻步？這可是看起來任何人都可以輕輕鬆鬆搞定的自助洗車機啊。我

的問題是，在理解標示這方面，我這個人太過拘泥字面了，以至於那些對於其他人來說再清楚不過的標示，對我來說就會變得難以理解。如果有個標示，上面寫著：**請在此等候**，然而收銀員又向我招手，準備要服務我，我就會因為這個模稜兩可的情況而瞬間僵住，我或許有辦法讓自己從這個兩難的處境中脫身而出，但是我得要先問個清楚：「不好意思，請問你有推翻這個標示的職權嗎？」

如果你認為我低估了自己搞懂洗車系統的能力，那麼請你把最近發生的這個故事也納入考慮。我在目前的這間健身房已經是大約三十年左右的老會員了，而他們最近改變了置物櫃的使用方法，這對我來說並不是一次順利的升級。舊的使用方法是這樣的，他們會要求會員打開置物櫃之後，把會員卡插入門後的插槽裡，鑰匙才拿得下來。正如同你可能想像得到的那樣，有相當多的會員運動完後，會忘記拿走卡片。最近，在使用了數十年的爛系統後，他們終於發現要求會員把卡片放在置物櫃裡沒什麼道理，於是，健身房就在置物櫃的插槽內放置了空白的卡片，如此一來，我們就不必使用自己的會員卡了，新系統的運作方式跟之前的一樣，但是就不會有忘記帶走卡片的風險，健身房的管理方甚至在空白的卡片上寫了**請勿拔卡**，這樣你就知道不必使用自己的會員卡，這個升級還滿不錯的，對吧？

對我這個會員來說可不是如此，我使用舊的置物櫃系統大約七千次，我算過了（真的）。我呆站在原地，瞪著那張上面寫著**請勿拔卡**的空白卡片，這可難倒我了，「如果我不

拔出這張卡，我要怎麼把我的會員卡插進去？」於是，我首先就試著把我的卡硬塞進那個已經插著空卡的插槽裡，但是塞不進去。我百思不得其解，只好離開置物櫃區，詢問員工新的系統是怎麼運作的。她解釋給我聽，說我只要把鑰匙拿下來就好了，因為那張空卡的目的就是代替我的會員卡。然而她的說明並不是言簡意賅的那種，我聽到一半左右就失去興趣了。我放棄求助，回到置物櫃前，看看自己有沒有辦法再努力一點駕馭這套新系統。

最後——要我承認自己做出這種程度的違規行為並不是件樂事——我領悟到如果沒人在看的話，我還是可以拔出那張空卡，把會員卡插進去，也不會有人發現。我就是這麼做的。問題輕鬆解決，但是整個下午我都覺得自己宛如是名罪犯。

這個方法在接下來幾次的造訪中都很成功，直到我注意到健身房開始把空白卡剪成一半，這樣，露出插槽的部分就會變很短，而且抽不出來，這個時候，對，就是到了這個時候，我才理解新系統的用意：我根本就不必使用自己的會員卡。數十年來，舊系統深植我的大腦，讓我產生了認知盲點，無法理解這個改良系統如此明顯的便利之處，有鑑於他們現在改用剪成一半的卡片，顯然我並不孤單，我們這些健身房會員讓多年的習慣給制約了，因而卡在精神監獄裡面。

我在我家這裡的 Safeway 超市的自助結帳櫃檯也有一段黑歷史。我得替自己說句公道話，這些物件的使用說明顯然

是俄國間諜寫的，這一切都在他們的計畫之中，目的是想要讓我們的社會分崩離析。基於我過往的這些糟糕經驗，我有充分的理由去相信無論是哪種情況，要把自己弄得很難堪的話，這類公共設施的使用說明絕對會是有效的方式，還會讓我招致大眾的嫌棄，因為「那個傢伙」又卡在那裡，隊伍無法前進了。顯然在這方面，我需要努力減少自己的輸家思維。

> 如果你認為自尊就代表了你是誰，而不把它當成一種你可以視需求放大、縮小的工具，那麼你可能正在經歷輸家思維。

自尊會透過恐懼掌控我們，而通常這些恐懼都只是錯覺。以公開演說為例好了，如果你跟大多數人一樣，就會害怕在公開場合說話會讓自己出醜；但這種恐懼是假的。假設我要求你列張清單，把所有在公開演說時，讓自己顯得像個傻瓜的人列上去，你這張清單大概會是空的吧。有一部分的原因在於，大部分的人都不善於公開演說，而且如果有哪個人特別糟糕，你也並不一定會注意到；更重要的是，你聽完一場公開演講之後，過個五分鐘，你就忘了。對於自己不認識的人，大眾並不是那麼在乎。這邊有兩個練習，你終其一生都可以用它們來預防自己的自尊變成那些看守監獄的獄卒。

時常把自己放在一些可能會讓你感到難堪的情況中作為練習，如果跟預設中一樣，你感到很困窘難堪，那麼你就觀察看看，一年之後，你是如何依然活得好好的，甚至還有可能因此獲得了一個可以對人說的好笑故事。

以及……

留意這一點，當自己是個旁觀者的時候，別人的難堪對你而言是多麼地微不足道，你的難堪對他們而言也是如此：根本不值一提。

使用這兩個技巧後，我進化了，從覺得每件事都很尷尬難堪，到臉不紅、氣不喘，沒有一絲一毫的羞恥感。如同生命中大部分的事情一樣，練習很重要。如果你練習調控自己的自尊，隨著時間的累積，你就能學會有效地控制它，這並非一蹴可幾，可是如果你肯在上面下點功夫，一年後就會有很大的收穫，而且這些收穫會不斷累積。

把注意力放在錯誤上

人類的天性會迫使我們把大部分的能量以及注意力放

在這個世界出問題的地方，無論是什麼樣的問題。你是不會想要改變人類的這項特質的，因為我們之所以得以生存和進步，很大一部分都是得力於這項特質。當我拿起手機，看到的不再是現代科技奇蹟，也不是人類的創新能力；我看到的是一個不停干擾我、打斷我的裝置。有時候，我甚至會希望電池的續航力可以更好一點，這樣就會少了需要幫它充電換電池這件事來打斷我的工作。以缺點優先的方式看待世界，正是轉變的契機。我們人類會看到問題，並自動開始想，怎樣可以解決這些問題，跟著就會著手去嘗試。

在我撰寫這個章節的當下，就像你可以清楚看到的，一切是如此順利美好，然而當我發現我的視線越過電腦螢幕後面，注意到桌巾有個角落沒蓋好時，這樣的瑕疵還是讓我很困擾，即便這是我所處的環境裡頭最不重要的一個變數，但

我就是無法自拔地執著在這件事上，因為我的大腦天生就很會尋找缺陷。

往好處想，我這裡的視野棒透了，整座城市一覽無遺；我的心情好極了，而且正享受著一杯香醇的咖啡，我現在的體驗可是好過百分之九十九的人類，我應該要專注在這上面。

我原本也應該會這麼做的，但那個要命的桌布啊。

讓我先暫停一下，把它搞定。

好，我回來了。

我們的大腦只進化了一半，無法讓世界上的每一件事都能**正確無誤**地順利運轉，因為這會需要有意識地去處理大量的資訊，這樣的資訊量超過我們所能負荷的。我們會進化成這樣滿合理的，如果你那些穴居的祖先深深沉迷於景色之美，而非專注於，比方說，成群結隊的肉食性恐龍曾經踩踏過哪裡；這樣的話，他們很可能無法存活下來，並且創造出你這個奇蹟。

現在，你是否正在思考，這本書的作者怎麼會這麼蠢，竟然認為人類跟恐龍生活在同樣的時代？我賭你們有很多人都注意到這個缺陷，並瞬間將全部的注意力都放在上頭了。懂了嗎？缺陷的黏著度很高，我們就是無法忽視。

我們對於生活中小缺陷的執著有個明顯的壞處，就是我們太容易把自己給逼瘋，或許在智慧型手機、以及企圖以釣魚方式增加點擊率的媒體出現之前，這還不算是太大的問題。在以前的時代，會入侵人們思想的問題，都是非常地方

性的；但現在的問題是跨地域性、世界各地都會看到，其中很多甚至不是真的。

　　為了示範給你看，我現在就把我的智慧型手機拿起來，然後告訴你我看到哪些問題。

> 我的主螢幕上有個沙塵暴的緊急警報（我現在所在位置在拉斯維加斯），在看到這個之前，我甚至不知道這對於拉斯維加斯來說是有危險性的。
>
> 我剛剛看了看簡訊，才發現我的駕照過期了，而這真的是個問題，因為我不知道沒有身分證明文件，我要怎麼買到機票飛回家。
>
> 我的 Top Stories 這款應用程式通知了我各式各樣的政治危機、發生在別州的一個致命性災難、一個巨大的人口問題即將發生，以及一些其他的不幸故事。

　　這還只是個小小的樣本。我甚至還沒打開電子信箱或是推特，而你可以想像得到，這兩個應用程式又醞釀了多少的恐懼要給我。拜科技奇蹟所賜，我可以感受到在這個已知宇宙中的每一個問題所帶來的焦慮和煩惱，只要這些問題是可以用文字和圖片來描述的。如此排山倒海而來的消極與負面，可能會令人難以承受，相信你已經注意到了。

　　除了我們會去關注問題的這項本能外，新聞媒體的商業模式還會讓你一直去想著世界上的每一個問題。如果某個人

把事情做得很好，結果也很不錯，就不會成為新聞，至少不會是那種會有高點擊率的、刺激人心的新聞。

人類大腦迴路的設定是，一有問題馬上就會注意到，還有一個被激勵去報導涉及重大問題的新聞媒體，倘若把這兩者結合在一起，你就很容易會去想像，世界是如何用各式各樣致命的方式在逐漸崩毀；而這樣的世界觀可能會變成一種阻礙，讓你很難去欣賞正在順利進行中的一切。

我們身在一個很多事情都會出錯的世界，但是如果在特定狀況下，你眼中所見僅僅只有缺陷的話，你可能就是在認知上有盲點，無法看得更全面。你可能有看過那種人，把自己鎖在一個負面的信念裡，認為沒有任何一件事情是順利的，就連未來也是晦暗無光；而在現實世界中，沒有**任何一件事情**是順利的，這種狀況幾乎不會發生，況且人類相當眼明手快，當人類看到事情有可能發展成最惡劣的狀況時，還挺有辦法去避開這些狀況的。持續性的消極和負面是座很嚴峻的精神監獄，人類需要樂觀主義和希望去推動進步；當你身邊的人都相當樂觀，而你所看到的一切都是負面的，這就是一個訊號，表示你可能被困在你的精神監獄裡了。

> 如果針對某個情況，你想不出任何一丁點的正面價值，
> 卻發現別人都想得到，那你可能正在經歷輸家思維。

要擊退這種因為你自己看待世界時，所戴的濾鏡而產

生的消極態度，最好的方法就是刻意去搜尋正面的思維和報導。我有時候會把這種作法稱為管理心靈書架上的空間。舉例來說，我在 CNN 和福斯兩台新聞頻道間轉來轉去，目的是為取得一個較為平衡的新聞觀點，而我轉台的時機，是在每次看到任何藥品廣告的時候。這麼做有個優點，就是讓我可以避開廣告裡那些像裹腳布似的、又臭又長的藥品副作用。如果你允許自己去聽這種非必要的、一連串恐怖的健康問題，這樣的體驗會讓你心情極度鬱悶，也會造成不必要的壓力，會消耗你的精神、壓垮你的樂觀，甚至還可能會讓你的免疫系統變弱。如果這看起來像是誇大其詞了，那可不一定。看一則廣告沒什麼危險，但如果你看一整個小時的有線新聞，你就會在廣告裡聽到非常多，與導致人身心衰弱的健康問題有關的駭人內容，而長此以往，就會開始啃噬你的心智和身體。

把自己的心智當作是一個空間有限的書架，這麼做會有所幫助。如果你用負面的想法填滿這個空間，你的濾鏡就會設定成消極負面與不健康，並且沒有空間去容納那些健康、具體有效又令人振奮的想法。在某種程度上，你能夠藉由操控你身處的實體環境，來控管自己的心靈書架，在這個藥品廣告的例子裡，改變環境的意思就是如此一來，你就不會被那些不健康、且長久下來會壓垮身心的各種念頭給轟炸。

我在這裡要稍作暫停。我想要指出一點，即我這個說法是扎扎實實有科學根據的，[4] 而且幾乎每一個自我成長的

導師也都與我看法一致。你所放行的、可以恣意進入你大腦的念頭，就是建構你身心的程式。如果你看了一部悲傷的電影，你也會跟著悲傷；如果你聽到一個深具啟發性的故事，你也會感覺受啟發；而你的心理狀態對於你的健康有著極大的影響。大量接觸恐怖又可怕的念頭，會讓你壓力上升，而這會導致皮質醇的釋放，梅奧診所醫學中心（The Mayo Clinic）的網站上是這麼解釋皮質醇的：「會抑制那些在面對緊急狀況時，非必要或造成危險的生理機能，且會改變免疫系統的反應，並且抑制消化系統、生殖系統以及生長過程。這個天生的警報系統很複雜，也會跟你的大腦負責情緒、動機與恐懼的區域有所連結。」[5]

當你把自己的心智暴露在不必要的負面訊息之中，像是藥品廣告、悲傷的電影、悲傷的音樂等，這些時候，你就是在對自己做上述的生理狀態。要全面避開負面訊息幾乎是不可能的，但是你可以用較為健康且更有建設性的念頭來填滿心靈的書架，以此來限制負面訊息所帶來的衝擊。你每多花一分鐘在正向的念頭上，就是多牽制了負面想法一分鐘。

如果你對於擺脫腦中的負面念頭有困難，不要試著「不去想」它們，這只會讓你更在意，反之，找出你能想像得到、最正面也最「黏」的念頭，專注在這些念頭上，直到你的心靈書架裝滿為止。

> 如果你任由自己的心靈書架被負面的想法給填滿，你就
> 是在用一種不健康的輸家思維來懲罰自己。

在這本書較後面的部分，我會向你報告我的想法，告訴你為什麼我們正在進入一個黃金年代。你可能會針對我這種樂觀主義的一些小細節略有微詞，但是，你去察覺一下這種樂觀的傾向給了你什麼樣的感受，並且讓這種感受成為你在訓練自己搜尋好消息並對於現實做出正面解讀時的獎勵。你天生的本能是去注意問題，但是你可以自我訓練，讓自己的思考更為正面，並且注意到事物中美好的部分。你所需要的只有想要有所行動的意圖以及練習。試著練習個一週，你就會發現自己變得不一樣了。你可能會感覺比較快樂，也比較不焦慮，並且──而這點是同等的重要──你會找到一個看待現實時較為準確的濾鏡。

第 4 章

用藝術家的
方法思考

想像力的缺乏

藝術家所擁有的決定性特質就是他們經常擁有強大的想像力，而這樣的想像力對於預防自己不要被關在精神監獄裡很有幫助，但是你不必擁有藝術家等級的想像力，就足以更清楚地理解這個世界。為了讓自己遠離精神監獄，你要持續不懈地提醒自己，生活中有許多狀況——如果不說是絕大多數的狀況的話——其中，最有可能是事情真正原因的，就是**你沒想到的那一個**。

你是否曾經因為某個人顯而易見的自私、怠惰、謊言、無能、失禮或犯罪行為大動肝火，卻在事後才理解到他們之所以做出那些事情，原因並不是上述的這些，而是有其他非常充分的理由？這種情況約占大多數人生活經驗的一半。我們一直不停地對於事件發生的原因做出錯誤的假設。我們人類是一群充滿疑心的傢伙，我們經常覺得有誰或是有哪個單位計畫著要騙我們，不幸的是，我們經常所慮不假；但是根據我的觀察，至少有一半的時間，我們會以為有某種陰謀正

在進行，然而那個事件的原因其實再普通不過。

我覺得我的狗士力架（Snickers）認為我是個白痴，因為當牠已經清楚地向我傳達是時候該出去玩時，我還不帶牠出門。士力架知道自己正在向我傳送「我們出門吧！」的訊號，而且很清楚我已經看到了。牠也知道我在生理上沒有那種會讓我不能出門的問題，所以，如果我不放下手邊的工作帶牠出門，牠是不是會覺得我很蠢？

規則是這樣的，我們並非總是能夠判斷哪些人比我們聰明得多，哪些人又比我們笨，這兩組人都會做出一些我們無法理解的決定，你要把這一點放在心裡，這很重要。如果你認為，另一個人的想法糟透了，那麼你能確定的只有，你們兩人當中至少有一個人很蠢，但無法**確實**知道是哪一個，除非你是在一些極為少見、事情是可以被客觀觀測的狀況裡。

我發現，謹記你並非總是有辦法分辨出哪些是絕頂聰明的點子，哪些又是愚笨至極的想法，這點相當有用。其他人也都無法分辨這兩者之間的差異，至少不是每一次都分辨得出。因此，當有人說了一些在我聽來很蠢的事情，而他在別的地方又挺聰明的時候，我就會提醒自己，在這種情況下，可能我才是那條狗。

當你對某件事情的結果有多種可能的解釋時，像是在審理謀殺案的法庭上會聽到的各方各執一詞的狀況，這時，你只要誠摯地奉事實與理性為圭臬，通常就可以挖掘出真相，或者至少我們希望你能夠就此找出真相，因為不然的話，司法系統就只不過是個既殘忍又無用的安慰劑罷了。但是要牢

記，陪審裁判是個特殊情況，在法庭上各項事實都會被鉅細靡遺地說明解釋，法官會協助你在這些事實的角力中該如何定奪。你的日常生活與這可是天差地遠。在日常生活中，我們經常根據一些線索、偏誤、錯誤資訊等，猜測事實究竟為何，因此，到處都有這麼多身處妄想性思維當中的人，也就不足為奇了。

還有一個更常見的狀況，會讓人們做出糟糕的假設，那就是想像力的缺乏。就以我的那個害怕自助洗車說明文字的故事為例。如果你從來沒聽過我的故事，然後你看到我的車子有多髒，可能會認為，唯一合理的解釋就是這輛車是最近才很髒，而且馬上就會被清洗乾淨了。

你會做出正確的推理，認為我付得起洗車的錢，並且先假設有一個月的時間可以處理。一個月的話，我應該有足夠的時間來完成這件事了，況且比起骯髒的車子，任何稍微正常的人都會比較喜歡它是乾淨的。因此，當你看到我的車老是這麼髒，你可能會以為我不洗車是因為我太忙或是想省水，你可能還會想出其他幾個更合理的原因，而你根本無法**想像**的那個原因恰好是正確的那一個：我對於公共設施的說明文字有著非理性的恐懼。

我會再給你兩個例子，告訴你想像力的缺乏有多常與理性思維混淆，為了平衡性，一個例子會是政治左派的，而另一個則是右派，很不幸的，輸家思維並不僅限於某個族群。

第一個例子是來自 CNN 網站上的一篇讀者評論，這篇文章提出了一個問題：為什麼有這麼多種族歧視的人會欣然投

入大老黨[1] 的行列？

　　我不會讀心術，因此我不清楚作者內心在想些什麼。他是不是一個賣弄小聰明、不誠實的遊說家，知道自己偏離了理性，卻又希望別人沒注意到這一點的那種人？還是說，他是那種無法分辨一個扎實的論證與缺乏想像力之間有何差異的人？我們不必去解開這個謎團，也能看出這個論點肇因於這位讀者在想像力上的缺乏。在這裡我有辦法提出幾個解釋，完全可以合理地說明這個現象，並藉此來說明這個重點。

　　其中一個可能的解釋是這位作者正在經歷某種政治上的痴狂，這種痴狂對兩個政治派系都有強烈的影響，只不過影響的時間點不同、方式也不同。這篇文章裡包含了一個連結，點進去後是一個早已為人所知的騙局──川普總統稱夏綠蒂鎮的種族主義者為「好人」。這則假新聞依舊廣泛地被當成事實在報導。總統並不是要將夏綠蒂鎮上的種族主義

共和黨員必須提問，為什麼有這麼多種族歧視的人會欣然投入大老黨？

肖恩・杜納
上傳於 2018 年 11 月 11 日，星期日 下午 12：23

1　譯者注：意指美國共和黨

者、或是任何「跟他們一塊兒遊行」的人稱為「好人」；[2]
他要說的是，在美利堅聯盟雕像這項議題上，兩方人馬都是
「好人」。他已經在受到要求之後，澄清了這一點，也公開
譴責了種族主義者（如同他曾多次公開斥責的那樣）。這篇
文章裡還存在這樣一個已知的騙局，這意謂著下筆者要不是
相信這場騙局，就是在蓄意宣傳這場騙局；前者會讓他這篇
文章其餘的意見都失去參考價值，後者也意謂著他的意見缺
乏可信度，而這是我所能想像到的兩個原因。

對於為何種族主義者偏好支持川普總統這一點，我所能
想像得到的最普通解釋，就是因為他們相信了 CNN 的假新聞
（以夏綠蒂鎮上的「好人」騙局為例），與所有的民主黨員
如出一轍。現在再加上這種想要相信某件事情為真的偏差，
你就可以擁有一份用來調製出確認偏誤的完美食譜了。

另一個普通（而且合理）的解釋會是，川普總統聲稱要
平等對待每一位美國人的這個目標，對於種族主義者而言，
比起民主黨所提議的那些，更符合他們對美好世界的期待。
我無法讀取種族主義人士的心智，但是有人如此斷言，認為
種族主義者相信民主黨會把白人手上的錢以及影響力，轉移
到有色人種手上，同時改變整個文化。

2　譯者注：此事件發生在二〇一七年八月，維吉尼亞州夏綠蒂鎮上由極右派團
體組織了一場名為「團結右翼」的集會活動，抗議當地拆除一名將軍的雕
像，該將軍曾效力於美利堅聯盟，這個聯盟在美國南北戰爭時期支持蓄奴。
而該集會活動中這群右翼人士與立場相對之人士爆發暴力衝突。資料來源：
https://www.bbc.com/zhongwen/trad/world-40921068

種族主義者希望深色皮膚的移民愈來愈少，這點很容易想像得到，與此同時，共和黨的主流意見是出於經濟和安全的理由，要求邊境控管更加緊縮；這一點會讓雙方站在同一陣線上，不過是出於完全不同的理由。

我還想像到另外一種情況，就是種族主義者難以招收新的生力軍，理由相當明顯；因此，只要他們逮到機會，就會把他們的哲學觀轉嫁到世界上早就在發生的一些其他事情上，比方說是一名對於邊境安全態度強硬的新任總統，這能吸引到很多人去關注他們的信念，而且，他們認為這是個相當具體且有效的方法。

如果你對於為何種族主義者會支持一個共和黨總統，所能想到的原因只有這個總統正在偷偷地向他們打暗號，並且幾乎每個民主黨員都宣稱自己已經聽到了這個暗語，這樣的話，其他任何理由也都有可能性。況且對於任何一位美國的政治人物來說，認為這麼做是個好策略的話，幾乎可以說是瘋了；而這樣的思維，是無法想像我剛才提出的那些更普通的解釋。

我再補充一些脈絡好了。我很喜歡去拉斯維加斯寫書，並享受美食；其他人去拉斯維加斯則是為了賭博、飲酒以及隨意的一夜情。這世界上有件事可說是最平凡無奇，那就是人類喜歡的東西都差不多（在這個例子裡，就是拉斯維加斯），但是喜歡這些東西的理由則是天馬行空、各自不同。人們可以因為完全不同的理由而支持同一位候選人。認為人們都是因為同一個原因而喜歡同一個人、或是同一個地方，

這是嚴重缺乏想像力，也是在否認於我們共有的現實中最普遍的一種經驗。

想像力的缺乏對於政治傾向的兩端都相當常見，舉例來說，這個星期我的推特被灌爆了，灌爆我推特的人，是支持一宗名為匿名者 Q 的騙局之人。這些人對這場（總而言之，對我來說很明顯）騙局深信不已，聲稱有位匿名人士，或是一群匿名人士，掌握了政府內部資料，並將其洩露出來，而這只是一場陰謀其中的一部分，目的是為了要協助川普總統對付所謂的「深層政府（Deep State）」叛徒。

那些認為這場騙局是真實存在的人，因為無法替眼前所觀察到的事實想出其他解釋，所以只要有任何證據可以支持匿名者 Q 是政府內部人士，這個論點對他們來說就足夠了，例如，川普總統曾經在推特上發表了一張照片，照片的檔案名稱是 DOITQ，[3] 這位相信這場陰謀論的人認為這是一個信號，表示川普支持 Q。有些人在推特上要求我解釋，如果這個隱密的「Q 暗號」不是川普總統巧妙地用來證實 Q 的存在，檔名怎麼可能會是那樣？

我在 Periscope 上說明過這個事件，最普通的一個解釋是，不管是誰替這個圖檔命了名，那個人有可能是 Q 的支持者。美國總統幾乎不會參與檔案命名的工作，這也有可能是哪個人惡作劇或是駭客的作品，況且你也無法排除純屬巧合

---

3   譯者注：這串字母被特定人士解釋成 Do it, Q. 意即「動手吧，Q。」

的情形。畢竟那個環境有著充分的可能性，會隨機地提到跟Q相關的資料，並且看起來像是個隱密的訊息，但它真的不是。我無法決定這些解釋中的哪一個成立的可能性較高，而且可能還有更多其他的解釋是我沒想像到的。我唯一可以胸有成竹地說出口的，就是一位現任總統不可能去命名一個電腦檔案，並以公開訊息偽裝，去傳遞一個祕密訊息。

支持 Q 存在這項論點的人們也問道，如果川普不是在暗示 Q 真的存在，那麼一名長期支持 Q 的人士，怎麼可能會有機會在二○一八年夏天，在白宮與川普合照？最普通的解釋是，總統跟很多人合照過，這並不代表他知道當中每一個人都在打些什麼主意。二○一八年夏天，我也參訪了總統府，也擺了姿勢跟總統拍照，但這並不表示他在公開支持我所有的想法和意見，或甚至知道我有哪些意見。

生活是雜亂無章且無法預測的。我們大腦的馬力不足且帶偏見，有時會正確地推論出一系列因果關係，但是我們是否有能力為事件提出其他的解釋，這會深深影響這些意見的準確度。

那你該怎麼辦呢？

我發現有一件事會有幫助，就是年齡的增長。這個過程雖緩慢，但相較於死亡，完全值得。跟年輕人比起來，像我這樣的年長人士，面對自己竟然是錯的而感到驚訝的情況，要來得更有經驗；隨著時間流逝，我們遲早會醒悟，並懂得對於一件事情同時胸有成竹卻又錯得離譜有多麼容易。如果我們有做紀錄就會有所領悟，而計分這件事正是我要建議你

去做的。當你發現自己對於某件事情深信不疑，絕對不可能出錯，但偏偏就是出錯了，這種時候就在心裡做個紀錄。注意觀察你自己做的紀錄可以讓你有心理準備，並了解到對於某一組事實的集合，可以有許多種不同的解釋，而你並非總是可以想到全部的解釋。

缺乏想像力的這個問題，對於日常生活的每個面向來說都是個潛在的問題，從職場到你的感情生活都是；下次當你發現自己正在形成一種信念，相信某種事情之所以出錯，一定是出於某個特定的原因時，請記得生活中，一件事情的發生最普遍的原因，就是**你沒想到的那一個**。

> 如果針對某一組事實，你無法想像出任何其他的解釋，
> 可能是因為你並不善於想像。

用歷史學家的
方法思考

我們的精神監獄裡最堅固的一道牆，就叫作歷史，而歷史甚至不是真的，我之所以這麼說，可以從兩個層面上來看。

　　首先，歷史之所以不是真的，是因為無論是誰，只要是負責書寫歷史的那個人，都可以隨他的意來寫，而隨他們的意，指的就是任何可以讓他們繼續掌權又顯得光鮮亮麗的寫法；這意謂著即便是討論同一個事件，可以想見一個國家的歷史，跟另一個國家的歷史會有著本質上的不同。哪一個才是精準無誤？答案是：兩者皆否。這兩者除了一些基本的事實，像是名字和日期這類，其他都是透過政治濾鏡並被扭曲過的，若非徹底錯誤，至少也具有誤導性。

　　當我還是個小孩時，我在歷史課上學到，勇敢的歐洲人發現了美洲，並在此處落腳，他們都是些心存善意的傢伙，試圖與美洲原住民建立友誼，卻大幅度失敗。不幸的是——我的課本如是說——美洲原住民太過原始，無法理解像是私有財產這種重要的概念，然後事情一樁接著一樁地發生，最後就是這些來自歐洲的移民開恩，賞賜了這些美洲原住民，讓他們擁有屬於自己的保留區。免費贈送啊！在這個故事線上的某個點，這些美國原住民教會了這群開墾先驅如何種植玉米，這就是我所學到經過濃縮的、種族歧視版本的歷史。

　　而我是這樣推測的，假如美洲原住民書寫了自己的歷史的話，整個事件的敘事看起來可能會相當不同；它可能會說哥倫布是個喪心病狂的怪物，而那些來自歐洲的侵略者則是

進行了大規模屠殺，目的是要從當地人手上竊取土地，或是其他方向差不多的故事。

我當時年紀輕，理所當然地認為我國的歷史是準確無誤的，而其他人都是在說謊，不然就是聽到了錯誤的訊息。我從來沒想過，每個政府都會發明一套自己版本的歷史，好洗腦自己的人民。我們從小到大是這樣被教育的：我們是幸運的那群人，可以學到準確無誤的歷史，而其他地方那些邪惡的領導人都在欺騙人民。我希望你看得出來，一個國家以客觀的方式將歷史呈現給他們的兒童看，這件事的機率有多低。①

我很確定歷史書正確記錄了大部分的大事，舉例來說，奴隸制度真的存在過，一戰二戰也都真實發生過，但是脈絡是很重要的，況且每個故事都有很多種講述的方法。自從二〇一六年的總統大選以來，我們就一直被來自各個政治陣營的假新聞從四面八方轟炸，而且數量龐大。歷史學家會選哪一個版本的故事收進課本裡？我賭歷史學家會選擇一個最適合用來灌輸小孩、讓他們成為聽話又具有生產力的好公民的版本；一如往常地，凡是跟讓兒童社會化、成為具有生產力的大人有關，真相就會是次要的考量。

> 如果你相信自己在學校學到的歷史是正確無誤的版本，那麼你的想法八成是錯的。

歷史還有第二個更深入的方法，會把我們關在精神監獄裡：歷史對我們的控制力可能會太過於強大，如果你學會怎麼讓其鬆動，就可以讓又一面精神監獄的牆應聲倒下。

　　以我的狀況而言，我的童年在很多方面都相當駭人聽聞，我不願去談，即便這些事件本身早已消逝、成為歷史，而這些記憶卻還是大舉入侵並影響了我成年以後的幸福。過去早已不復存在，唯獨在我的記憶裡還存在，但這一點就足以摧毀我現在的幸福。我發現自己是有能力去控制這些毀滅性念頭的，方法包括用工作來把這些念頭擠出大腦、追求智性上的成長，以及其他轉移注意力的方式。隨著時間過去，因為我長期不再關注，記憶也隨之消褪，而現在我不認為這些事情對我目前的幸福有任何的衝擊。

> 如果不好的記憶讓你無法幸福，試著用一些新的、有趣的念頭把這些毀滅性的記憶擠出去，讓自己保持忙碌的狀態，心理和生理上都是，時間是站在你這邊的。

　　歷史是座精神監獄，最好的例子就是中東。幾乎在那個地方的每一個人都被以某種負面方式給定錨在歷史裡，這裡是每一個在中東發生的辯論總結：

1 號人士：你還記得那個時候，像你這樣的人對像我這樣的人做了很多壞事嗎？

2 號人士：那是因為像你這樣的人先對像我這樣的人做了不好的事。

1 號人士：是像你那樣的人先挑起的！

就這樣一直下去，無窮無盡。

如果你可以把中東地區每個人民腦中關於歷史的知識都消除的話，我猜想，那裡可能比較容易擁有和平的生活。每當人們試圖透過改變當下的事件來修正過去，就會發生問題；這是天方夜譚，過去是無法修正的，而這樣的嘗試通常不會有任何好的結果。

從勸說的角度來看，歷史可以是個很有用的工具，如果我可以讓你因為你的族群，在過去對我的族群的所作所為而產生罪惡感，那麼，我就可能有辦法用一種對我有利的方式去影響你。然而在有些情況下，歷史除了限制你、讓你無法好好思考你擁有的選項外，別無他途，這種時候，千萬別誤信歷史很重要。不需要讓歷史控制你。

> 歷史（即便是假的那種）在透過引發罪惡感的手段說服他人時，可以是相當有用的。但是不要錯誤地讓自己被說服，誤以為歷史對於你今日的選擇依然是重要的。

我的人生，雖然一直以來都很奇怪，在二○一八年的四

月變得更奇怪了。事情是肯伊·威斯特[1]（Kanye West）在推特上，分別轉發了九則我在 Periscope 這個應用程式上傳的影片片段，影片中，我談論的是關於肯伊對於從精神監獄逃脫這件事的想法。

當時，我已經因為寫了跟川普總統的勸說技巧相關的文章而大有名氣，肯伊則因為很多各式各樣的事件而聲名大噪，不過在這些事件清單上的前二十名裡，有他那則在二〇〇五年卡崔娜颶風後釋出的公益廣告，在裡頭他說：「布希總統根本不在乎黑人。」因此，我們知道肯伊並不是共和黨的大力支持者，這對於接下來的這個故事而言很重要。

二〇一八年，肯伊去白宮拜會了川普總統，並表示自己覺得那個男人相當不錯，但他的政策就不一定了。這段意想不到的兄弟之情，讓織造現實的布料中，裡頭的一個線頭鬆掉了，過了一陣子之後，肯伊藉由轉發我的影片，把這個線頭給扯掉了。

看起來似乎沒有任何精神監獄關得住肯伊，他的「職業」——如果你可以稱之為職業的話——包括饒舌歌手、歌手、詞曲創作者、音樂製作人、時尚設計師、企業家，他還積極參與政治／社會議題，我這還只是舉了他成就中的其中幾項罷了。《時代》雜誌在二〇〇五年以及二〇一五年都將他選為全球百大最具影響力的人物之一，肯伊一再調侃，説

1　譯者注：美國饒舌歌手、音樂製作人

自己要參加二〇二四年的總統大選，而我對此事認真以對。

　　當你還在想，肯伊不能或是不該做某些事情的時候，他已經在著手進行了。又或像是轉發我的影片這件事情，他可是做了整整九次。不需要我來告訴你，轉發《呆伯特》的創作者所製作的內容，無論是對於你的時尚事業或是音樂事業，都毫無助益，並且這對於他的品牌而言是個風險很高的舉動。世界上大概沒有任何人，包括我在內，會建議他這麼做，總而言之，他就是這麼做了。顯然，他並沒有被困在那座別人可能替他搭建的精神監獄裡。

　　肯伊所傳達出的訊息是，專注於過去會製造出某種精神監獄，並侷限住你的選擇。以最簡單的方式來說，如果一個身在美國的白人男性擁有十種成功的方式，而非裔美國人只有八種，執著在其中的差異上並不是一個具有生產效益的做法；比較有效的做法會是挑一條成功的道路，然後走上去。長遠來看，沒有什麼事比成功更具有說服力了。我們都有這些選項，可以選擇要活在過去那座精神監獄裡，還是要創造一個我們想要的未來，肯伊就是個創造者。

　　每當你遇到一個很大問題，需要很大的工具來修正時，就把這個概念放進事件發生的脈絡中去檢視。奴隸制度是個大問題，並且需要大工具──內戰──來修正；不過，顯然這還不足以修正美國種族歧視的問題。民權運動是下一個工具，這比內戰小了些，但是在規模以及影響力上，還是相當巨大。最近幾十年以來，法律系統試著要盡力抹除種族歧視的痕跡，比起民權運動，這個工具又更小了一點，但依然

是個大工具，現行的「制度性種族主義」依然是個大問題，很多聰明人都這麼說。但是我們可能無法透過內戰、民權法案或是律師來修正這個問題，我們需要一個更適合的工具。肯伊建議我們別再緊盯著過往，向前走，專注在成功這件事上。在我的世界觀裡，這很有道理，因為，誠如我說過的，沒有任何東西像成功一樣，能有效地改變人們的心智，並創造出新的選項。

歐巴馬總統的政治手腕絕妙之處在於，他是靠自己的才幹以及政策來競選，他並未要求我們選一位非裔美籍的總統，並以此作為蓄奴、種族歧視或是其他事件的補償。如果你想要說服白人，歐巴馬已經示範給你看該怎麼做了，而他自己就是其中的表率。

亞裔美國人也採用了類似的策略。在這個國家的歷史中，他們也是高強度種族主義下的受害者，但同時，他們也有著清晰的成功之道，並走上了這條路。時至今日，在教育和經濟方面，亞裔美國人的表現比大部分的美國人都好。

我的主張是，從精神監獄逃出正是我們解鎖黃金年代的方法，要做到這一點，最有用的方式就是專注在成功上，而非過去的不公不義。我們不應該忘記過去，或是大事化小、小事化無，因為過去對我們來說，在很多方面是有用的，但是我們可以選擇去專注於前方的道路，而非身後的腳印，藉以作為成功的策略，這樣的心態可能會是正確的工具。

> 當你身處的當下有足夠的道路可以通向成功，而你卻專注於過去，這是一種輸家思維。最好是專注於你自己通往成功的系統上，而當你大功告成，仔細看看勝利是如何修正大部分的問題。

歷史會重演嗎？

如果其他星球的另外一種高等生命，派了一名偵查員來地球當間諜，回報所見所聞，這名偵查員可能會這樣描述人類：

外星情報員：「這個星球是由某種有機的機器人所主宰的，他們選用了一種識別規律性演算法的作業系統，而這套演算法是有缺陷的，這樣的設計，導致他們更容易對彼此產生仇恨。」

說得好！

我們小小的腦袋並無能力掌握生活中的複雜性，並處理這些知識，好做出聰明的決定。我們只是以為自己做得到罷了。而我們所做的並非一個理性的決策過程，而是採用了一種馬馬虎虎的規律辨識系統來搞懂這個世界。

要理解我們為何做出如此的行動，有三件關於人類的事

情相當重要，必須了解。

1. 人類理解世界的方式是透過辨識規律性。
2. 人類非常不善於辨識規律性。
3. 而他們自己並不知道。

我們無法分辨哪些是有成效的規律性，它可以預測一些有用的東西，而哪些規律性只是單純地讓我們想起一些不具任何意義的內容。

假如我們體認到，我們有多常在一個沒有意義的規律性裡找到一些意義，那麼我們在進行規律辨識上所缺乏的資質，就不會是個問題了：當你已經預期到自己可能會被要，就可以有所戒備。但如果你所預期的是相反的狀況——預期自己在大多數的情況下都是充滿智慧、正確又性感的——那你就等著被要吧。

讓這個狀況更糟糕的是，從歷史學家和哲學家那兒傳承下來一些關於規律性的、揮之不去的格言，而我們從小到大都被教導去相信這些格言充滿了智慧，其中最糟糕的一位罪犯就是下面這位。

「歷史是會重演的。」

有人說，美國哲學家喬治·桑塔亞（George Santayana）

說出了這句話的某種版本：「那些無法記住過去的人注定會重蹈覆轍。」這句話通常會被簡化為：「歷史是會重演的。」

我想歷史不斷重演的這個概念可能對某些像是學者之類的人來說，會有其用途，這個概念可以讓他們替歷史補充一些脈絡。但是你可能會在跟你有所互動的人身上注意到一件事，也就是，在考慮到各式各樣的可能性之後，他們大部分依然都不算是學者。

我相信一位學者會知道「歷史重演」對於未來將如何的預測能力，並沒有比觀察人類過去的自私、野蠻和暴力這些特質來得更強，因此，你也可以合理地預計，未來還會有更多這類的事情發生。自從有歷史紀錄以來，人們並沒有太大的改變，這種推測感覺起來既準確又有用，但是，一旦你把這個在人類身上所觀察到的現象，延伸使用到某個狀況中，就很難站得住腳了。

讓我來給你舉個例。當我的第一本書《呆伯特法則》（*The Dilbert Principle*）登上暢銷書排行第一名時，我的出版商要我趁勝追擊，再寫第二本。如果「歷史會重演」的話，

我應該要對第二本書的表現有怎麼樣的期待呢？就跟第一本一樣好？

許多作者都出過暢銷書，並且趁勢推出第二本書。你可能會預期我的經歷會與其他情況與我相同的作者差不多，你大概會想到一些作者，他們有一本書非常暢銷，然後趁著名氣，打造了一連串甚至更暢銷的書。你腦中可能會浮現這些人：史蒂芬・金（Stephen King）、J. K. 羅琳（J. K. Rowling）、詹姆斯・派特森（James Patterson），以及約翰・葛里遜（John Grisham）。

我的第一本暢銷書讓我獲得大量的關注，以及許多讀者欣然給予的極高評價。我以為這次他們也會衝勁滿滿，立刻就去購買我的下一本書，換句話說，我當時希望歷史會重演。

我順勢推出下一本書《狗伯特的最高機密管理手冊》（*Dogbert's Top Secret Management Handbook*），而這本書表現得也相當好，亦登上了非小說類的暢銷榜，但是整體來說，銷量只有第一本的一半左右。

為什麼在我需要的時候，歷史反而決定不再重演了？

有天，我的出版商跟我解釋了：**非小說類**的書籍通常是按照跟我一樣的規律，那些始終如一、暢銷書一本接著一本出的是**小說類**作者。小說的消費者讀到自己喜歡的故事風格，會想要看更多，只不過下一次是在不同的角色和故事中。

非小說類書籍消費者的想法，顯然是這句話的黃金版

本：「這個作者要說的，我已經知道了。」尤其是主題又跟前一本書隸屬於同一個領域的時候。對於非小說類的作者來說，要對抗這個規律性的話，就得針對完全嶄新的主題來寫作，前提是你的讀者也願意接受。麥爾坎‧葛拉威爾（Malcolm Gladwell）與麥可‧路易士（Michael Lewis）就是這麼做的，我現在也採用了同樣的策略。

　　一個人需要擁有大量的出版經驗，才會知道過去哪些規律性可以用來預測我的情況。我以為自己已經掌握了所有必要的知識，知道如何讓暢銷書一本接著一本出版，但是我並沒有。我們人類並不善於掌握**哪一段歷史才會重演**。人生既混沌又複雜，而我們所遇到的狀況通常會讓我們想起多個歷史情境，但其中哪一個才是真正有預測效果的那一個呢？

　　試想，有一個人結婚、離婚了兩次，如果這個人再度結婚，根據歷史，他可能會再次離婚嗎？還是說歷史會告訴我們，第三段婚姻比前兩段更可能會長久？除此之外，是什麼讓這對特定的夫婦足夠成為典型，能夠跟平均值做比較？比方說，如果他們其中一人性愛成癮，與第三段婚姻相較有著什麼樣的規律性，從性愛成癮這個變數來看，難道不是更能夠預測婚姻的走向嗎？問倒我了。重點是，我們通常不是一次只面對一種歷史上的單一規律性，而且我們通常並不知道哪些會更有預測效果。

　　想想股票市場，那可是成束的競爭歷史啊。你看到的可能是高層管理者的業績紀錄；也可能是該市場裡的價格競爭歷史；你看到的可能是那些過去出乎意料的創新歷史，每

家公司都有整組的、大量的發展規律，其中哪一個才是重要的？

投資世界裡，最聰明的那些人會告訴你，管理品質是最具有前瞻性的變數。他們還會建議你去購買指數型基金，而不是那些個別的股票。因為沒有人有辦法持續性地預測出經理人的表現將會如何。可能有些上市公司的經理人曾經很走運，在過去成功過幾次，或許他們的技能對於之前的情況完美適用，但是這次就不一定了。

想想看，有數以兆計的資金在全球的金融市場裡周轉，這麼大的一筆錢，可以想見的是，這會吸引到世界上最聰明、最能幹的人，的確，頂尖的投資顧問都出身頂尖學府，並有著深厚的經驗。假如「歷史會重演」這個概念真有意義的話，那麼這些專家就能夠輕而易舉地挑出那些將會表現得最好的公司。

他們辦不到。

如同我剛剛提到的，未託管的指數型基金總是會打敗那些個體戶的選股，結果顯示廣基指數基金的歷史是**會**重複上演的，或者至少到目前為止是。而等你讀到這本書的時候，可能會有人發明出一套演算法，用統計學上可行的方法，來預測個體公司的命運。因為在歷史停下來之前，會不斷重演，一直到某天停下來、不再重演為止；而你永遠不會知道那個「不再重演」的規律會在什麼時候開始。

歷史還有另一項特質，就是有著讓未來變得不同的影響力；我這麼說的意思是，我們可以從錯誤中學習，舉例來

説，數十年來，美國曾數次試著與北韓交涉，然後發現北韓會在做出承諾後又在事後打破。這段歷史在川普總統與金正恩會面時，對預測可能發生的事情有幫助嗎？這就像是第三段婚姻的規律性那樣，人們（最終）會學到上次是在哪裡失敗的，並根據這些來修正他們的方法。而如果新的方法又失敗了，他們下次會再試試別的方法。科技人士和行銷人員把這個稱作 A ／ B 測試，在這種測試裡，雖然好像大部分的時間裡都用錯了方法，而且得一直錯到至少得出某個可行的方法為止，但過程是在穩定地邁向一個良好的成果。持續地錯誤這個規律，看起來很像尚未完成的 A ／ B 測試。其中一個是壞消息，另一個則是即將要到來的好消息，這兩者看起來一模一樣。

馬克・吐溫（Mark Twain）曾經觀察到一件事，就是人們無法區分好消息跟壞消息之間的差別。我認為這點是正確的。我們經常無法判斷哪組規律性是最具有前瞻性的，意即我們的確不知道自己到底是收到一則好消息，還是有一則壞消息就在路上；但我們以為自己做得到。

你現在可能正在想說，我在批評歷史重演的這個想法時，言過其實。你或許可以想到一些你百分之百肯定歷史的確是在重演的情況。但我得向你提起一件事，就是歷史是很忙的，各式各樣的事情都有。你不會注意到所有歷史**不重演**的狀況，其實，如果你很確定你注意到了一千次歷史重演的狀況，那麼，除非你知道那些可能重演卻又**未重演**的狀況次數是多少，否則，你其實什麼資訊也沒得到。假如那個數字

是一百萬的話，那你所觀察到的一千次歷史重演的情況，並無法暗示歷史會重演。在這種情境下，如果你說有些時候有些事件會讓你想起某段歷史，有些不會，這樣會比較正確。但如果你說的是歷史上某個無甚相關的小插曲，對於你現在在做的某件事有預示的關係，這樣就不夠理性。

而且，在你注意到歷史很顯然是在重複發生的時候，你要自問，你需要歷史來做出預測嗎？舉例來說，如果每次有人在酒吧挑戰專業的綜合格鬥家，要與他打一場，那麼，這位受過專業訓練的格鬥家要嘛會贏，要嘛就是拒絕這個挑戰。這在我們的眼裡可能很像是具有預測作用的歷史經驗；但即便不具備歷史知識，你也可以預料到這兩個可能的結局，而專業格鬥家也會知道，如果他跟一個喝醉又沒受過搏鬥訓練的人對打，司法系統是不會對他手下留情的。

每當人類有機會從事犯法行為，而事成之後的報酬極高，且沒有被逮到的風險時，這狀況下，有人去從事這項非法行為的機率幾乎是百分之百。不是每個人都會上鉤，但如果有夠多的人都遇到這個情況的話，你可以很確定至少會有一個人試圖去賺取這筆沒有風險、自己找上門的錢，即便這代表他必須違法。你可能會說那是歷史重演的一個案例，因為只要有這種狀況發生，遲早都會有人試圖從中牟利。然而再次地，此處我們並不需要特定的歷史知識來做出這樣的預測，你只需要理解人類天性的陰暗面即可。

對於正在讀這個章節，並刻意在雞蛋裡挑骨頭的人，我承認我們之所以理解人類的天性，是因為我們去觀察歷史上

人類是如何行動的。歷史在人類如何行動方面，提供了我們有意義的洞見，但這樣的洞見僅在簡單的狀況下有用。

肚子餓的人會尋找食物嗎？會。

人會為了個人利益鑽漏洞嗎？會。

當人們認為說謊會很有幫助且不會被抓到時，會說謊嗎？會。

當我們在談論歷史反覆上演的這個概念時，說的通常都不是這些簡單、可預期的人類衝動；我們通常是在比較，舉例來說，一組複雜的談判，涉及數百個某個過去情況中的關鍵和零碎事件，而在過去的那個情況裡，所有的變數在本質上都有所不同，但我們就是會想到那個情況。

我在寫這個章節的時候，中途稍事休息了一下，查看了推特，碰巧看到一場爭論，在討論所謂下滲經濟的價值何在，指的是進行減稅並期望這項舉措能夠促進經濟發展，產值足以彌補政府稅收上的差異。這個爭論是這樣進行的：

下滲經濟的批評者：這麼做，以前從來沒有成功過。

下滲經濟的擁護者：這麼做，在過去有顯著的成效。

如果歷史會重演，哪一個歷史才會重演？我就姑且相信兩者中有一個觀點是對的好了；但是一般市民要如何得知這兩者中何者為真？

> 歷史不會重演，至少歷史重演的方式不是那種我們可以
> 用來對未來做出準確預測的。（單純的情況例外）

滑 坡

　　滑坡式的論述比起其他形式的輸家思維，更讓我困擾。
這種論述一般都會被介紹成事情會不斷地往同方向繼續發展
下去，直到超出控制範圍並造成傷害為止。

　　舉例來說，那些擁護槍枝持有權的傢伙會爭辯，任何形
式的槍枝管制都是朝向全面沒收的滑坡發展。有些根據其他
國家的經驗而支持這項說法的人，則喊出「歷史會重演」的
呼籲，然而那些國家跟美國間，事實上有著相當大的不同。

　　我對於滑坡理論的異議在於，**在其停止之前，每一件事
都是一個滑坡**。在物理學中，當遇到一個勢均力敵且反向的
力道之前，一個移動中的個體會持續移動。我們的生活經驗
與這頗為相似，如果沒遇到反作用力的話，每件事真的都會
是一個滑坡。因此，要預測一個東西會滑得多遠，就去找找
反作用力吧，如果沒有相互抵消的力量，那麼沒錯，事情就
會永遠順著同一個方向發展下去，可是這幾乎不會發生，一
般來說，會有些反應蹦出來成為反作用力，又或者這個力量

早就已經等在那裡。

在美國槍枝管制的案例裡，反作用力就是槍枝擁有者本身，以及他們對於憲法第二條修正案所付出的心血。在槍械安全方面，他們一般會偏好常理規則。但如果你開始一戶一戶地敲門，把槍枝沒收，就不可能會有什麼好下場，滑坡就不適用。比起他們覺得可以欣然接受的程度，槍枝擁有者最後可能必須面對更多限制性的規定，但是只要大部分的民眾都偏好這些新規定，你就不能把錯怪在滑坡上，這就只是選民得到他們所想要的罷了。

同時，也沒有一個客觀的方式可以得知，哪些時候滑坡與其說是造成問題，更算得上是一種進展，這取決於你站在哪一邊。你的滑坡可能是我的進展。我喜歡進展，而且我不想要為它貼上滑坡的標籤，並中斷這種進展。

滑坡並不是一個值得用在勸說上的概念，也不值得用來達成任何其他的目的，這麼做沒有前瞻性，因為一般來說前方都會有反作用力，而如果這個反作用力並非顯而易見的那種，或者看起來很弱，那麼很有可能會有一股更強的反作用力突然出現，就是專門為了讓這個滑坡停下來。

> 相信滑坡是一種輸家思維。比較有用的作法是，去關心作用力與反作用力在哪兒，以此來得知事情可能會在哪裡停下來。

隱私被高估了

　　人類大概沒有太高的、生物上的隱私需求。我們是部族生物，即與你的意願無關，我們是在整個部落都對你的大小事知之甚詳的環境中進化。隱私看起來比較像是一個現代的發明，我們大部分的人在許多情況下都很重視隱私，但我們的偏好不可能與天性共存。想想看，人類不也很享受毒品、香菸和酒精。僅僅因為我們偏好某樣事物，不代表那事物對我們是好的。隱私有很實在的益處，我不會建議你毫不掙扎地放棄自己的隱私。但如果你對於某種特定隱私的渴望是基於恐懼，你可能正在替自己搭建一座精神監獄，而這並非你所想要的。

　　我想多數人都會同意，同志權利的進步，關鍵性的一步包含了那些勇敢「出櫃」的積極分子，說出他們的性向，並即時地，讓其他人也可以安全地做這件事。你可以說 LGBTQ 社群用隱私換來平等。他們並未放棄全部的隱私──只有讓他們被困在社會監獄裡的部分。這是歷史上最清楚的一個例子，顯示出比起解決問題，隱私權反而造成了更多的問題。當 LGBTQ 族群欣然接受了一項事實：隱私曾經是他們的監獄，而非他們的保護罩。他們立刻就找到逃出牢獄的道路。這並不容易，可能永遠都不容易，但卻是通往勝利的途徑。

　　讓我告訴你有關某次我用隱私換到了自由的經驗。我生來就有一個狀況，叫做境遇性排尿障礙，也叫作膀胱害羞症；就是當有其他人在同一個空間、或甚至只是位於你可聽

到他的聲音的距離內，你就無法小便。大約有百分之五的民眾有這個狀況。關於境遇性排尿障礙，你需要知道的是，有這個狀況的人真的不是「更努力地放鬆」問題就可以解決。這種感覺是這樣的，你的身體和大腦會暫時斷開，就算你的心理上完全是放鬆的，你的身體還是「鎖住了」，**膀胱害羞症**這個名稱相當具有誤導性，因為害羞與否並非問題所在。一般來說，不害羞內向的人也會遇到這個狀況，而且這似乎是某個基因造成的。在我五十歲左右，我哥哥戴夫（Dave）才「出櫃」，說出他也有境遇性排尿障礙。那時候，我還不知道這情況有個名字，而同樣難以想像的是，我並不知道我哥哥也有這個狀況。他也不知道我有。

半個世紀以來，我生活中最大的問題就是這個我以為只有我獨有的問題，對於這件事我一直隱而不宣，因為我不想要看起來像個怪胎，也不想要因為這件事被指指點點，或是被嘲笑。我下意識地傾向把這件事隱藏起來，這讓事情變得更糟，在原本的問題上又加上了被發現的恐懼，而原本的問題就已經夠糟了。想像一下，旅行的時候無法使用公共廁所，除非在極少數廁所完全淨空的片刻。喔，對了，為了讓這個狀況更有意思，我的膀胱還剛好比別人小。五十年來，這對我來說簡直是一場永無止境的惡夢：上學是場惡夢，在公司上班也是一場惡夢，連約會也很困難。那時，我正在因為《呆伯特》漫畫逐漸變得富有且成功，但坦白說，我的生活品質很糟。

讀這本書的人當中，大約有百分之五的人現在正在經歷

一個「啊！靠腰！」的瞬間，因為我說的就是他們。他們也正在隱藏自己害羞的膀胱，而且他們的生活基於同樣的原因也是場惡夢。我即將要把這群人從精神監獄中解放出來。

當我哥哥開始跟我分享他的狀況——而且我們很快就發現我們的父親也有這個問題——我對此事便完全改觀。我再也不是那個孑然一身的怪胎，我只是擁有同樣情況的那群人之一，並且，我現在有個名稱可以稱呼這件事了。如果你把我父親、我哥哥和我的年紀加總起來，那總共是長達一百八十年的時間，我們不知道這個星球上，還有其他人跟我們一樣，被這個摧毀生活的狀況所折磨，而這點在心理上產生了相當大的影響。你可以說痛苦和恐懼是我們堅守著隱私的懲罰，但當時我們沒有一個人知道。

在推廣膀胱害羞症的事業上，我哥哥正在積極地進行相關的活動，他有一個網站 paruretic.org，專門在教導旅行者如何克服這個狀況，步驟一就是向所有對你重要的人承認你的狀況，這會減輕你的壓力，並讓你能夠去談論你應該要開口的事，或是著手去進行那些你該做的事。舉例來說，如果我跟一群朋友在一起，並且說我要去用洗手間，然後有個傢伙也站起身準備要做同樣的事，我會大聲地向他表明，這樣子對我來說行不通，因為只要有別人在，我就無法上廁所。這麼做從來沒有成為一個問題或令人難堪，一次也沒有。結果我發現，大部分的人不是有一模一樣的問題，就是有著類似的狀況，再不然就是認識這樣的人。更重要的是，當大眾知道你的問題時，沒有人會真的很介意，至少在那些輕微的健

康問題方面，大眾不會太介意。我們會以為別人很在意我們的狀況，實際上並非如此。

這套解決方法的第二部分，是你在小便斗或是如廁間前面等待，無論你要等多久，你可能需要等待一些人來來去去，或者你可以使用更隱密的廁間，如果這個方法對你有效的話；你甚至可以使用無障礙洗手間，何況你是有好理由的。漸漸地，你就能學會怎麼去做你該做的事，而不會感到尷尬，但這需要練習。

這一套流程的第三部分是練習，藉由逐漸增加「挑戰」難度來練習。這項訓練會讓你的身體和大腦逐漸展開合作，舉例來說，你也許可以練習在隔壁間有人使用的時候上廁所，最後，當有人正在使用位於洗手間一端的小便斗時，你可以嘗試使用另一端的小便斗。我到了這個階段時，已經可以使用大部分的公共廁所了，除非我旁邊緊鄰的小便斗有人在使用、隔板很低、或是同時有另一個人也剛好正要使用洗手間；當這些狀況發生時，我就會等一下，或是使用獨立廁間。我在這個特定主題上放棄我的隱私，這件事的最終結果就是，讓我生活中最大的問題縮減到成為一個偶發性的小小不便；不僅如此，我剛剛已經讓正在讀這本書的其中百分之五的人，走上屬於自己的康復之路。

如果你在某方面是個怪咖（我是懷著愛說這句話的），假如你不再隱瞞，或許也可以找到同樣的怪咖；並且，對你們所有人來說，生活會變得更好，假設你們的奇怪之處是合法的話。

我並非反對隱私，在某些狀況下，擁有某種程度的隱私，整個社會會更好。在這裡，我的重點是我們對於隱私有著反射性的渴望，這跟反射性地很想吃垃圾食物並沒有多大的不同，我們想要保有隱私的這件事，跟隱私對我們有多大的好處兩者間並不相關。我舉的 LGBTQ 以及膀胱害羞症「出櫃」這兩個例子，就足以說明。

　　現在試想，假如我們可以規律地去搜集並儲存我們所選擇的生活方式、DNA、甚至是目前的健康指標，對於健康照護的成效來說，會有什麼樣的意義？在這個想像的情境中，這麼說好了，這些資料對他人是保密的，但是科學家可以取得不記名的原始資料，我預期健康照護的成本會降低，而成效會提高。

　　很容易想像在其他狀況下，用一些隱私權交換更大的利益是有意義的。當然，總是會有一些狀況，保有隱私是占有壓倒性好處的。我會總結如下。

> 如果你認為保有隱私永遠都是比較好的選項，這就是輸家思維的案例。每個狀況各有不同，有時候隱私是一種問題，阻礙了解決問題的方法。

用工程師的
方法思考

同行相輕

　　我在大公司工作的那段時間，與很多工程師、程式設計師以及其他科技相關人員一起工作，這段經歷教了我寶貴的一課，讓我了解到面對專家應該相信到何種程度，我認為這點很值得分享。

　　許多年來，在坐辦公室時期以及之後成為漫畫家與企業家時，我都參與過許多軟體升級的專案；有一件事情一定會發生，就是無論是誰，只要你請他來升級軟體，就會聽到做出前一個版本的那個人是白痴這樣的話。

　　我們把這個現象標示為**同行相輕**，儘管嘲笑前一位員工工作的動機有很多種，舉例來說，嘲笑上一個程式設計師，等同將你過人的能力與前任員工的無用相比較，這是提升自己在別人心中價值的好方法，而且，最棒之處在於，你所批評的目標通常都已離職，對於這些指控也無法替自己辯護。有個通則就是，批評不在現場的人總是比較高明。

　　怪罪上一位做這件專案的人並不限於科技業員工，在

各行各業以及政治界都看得見，一旦當你夠頻繁地看到這件事反覆發生，就可以把它納入你的思維當中。意即每當你在跟任何領域裡的某位專家談話時，要意識到下一位專家可能會告訴你前一位專家的作品看起來像是一隻猴子用香蕉敲鍵盤。然後再下一位專家對待前一位專家也會是一樣的粗暴，就這樣無止盡地發展下去。如果專家們反覆地對於前任專家持懷疑態度，那你不也應該對專家們持懷疑態度嗎？

我顯然是為了效果，講得比較誇張，但我想這個概念你懂。對於單純的情況，專家們通常都會同意彼此，問題出在遇到複雜的情況時，會有很多那種「留給裁判決定吧」的機會。而當我提到專家時，在這個狀況下，我指的是任何針對某個主題擁有額外知識和資訊的人，包含你的同事。

> 如果你在想，面對專家針對複雜議題所做的建議，你該保持多大程度的懷疑時，記住下一位專家都不會尊重前任專家，反之亦然。

把因果分開

工程師所受的訓練就是，即便在那些非專業人士被情緒和政治因素牽著鼻子走而想錯方向時，工程師也能替問題

找到實際的解決方法。非工程師的人經常會發現自己被鎖在一座精神監獄裡，這座精神監獄就是認為問題的解法與造成問題的原因，肯定是一個鍋配一個蓋密切相關；這通常是正確的方向。但有時候一個問題的肇因並不是尋找解答最好的地方，受過專業訓練的工程師，目的就是理解這件事。舉例來說，單單二〇一七年，在美國因藥物過量死亡的就有七萬二千例，有人說，造成這個問題的原因就是藥物成癮者自身，因為沒有人強迫他們吸食這些藥物。因此，許多觀察家表示，藥物過量致死完全屬於「不關我的事」這個類別。[1]

如果你放著讓成癮者自己去修正鴉片過量的問題，你將永遠無法獲得解決方法。當有錯的那些人無法或是不願意去解決問題，你能做的選擇就是與這個問題共存，或去找出跟問題根源無關的解決方法。在鴉片成癮的這個例子裡，通常是由政府或慈善機構介入，資助成癮者，讓他們接受治療並且康復。當每年因鴉片致死的人數已然超越美軍在越南、伊拉克以及阿富汗死亡人數的總和時，這就是整個國家的問題了，而目前狀況正是如此。每一個因藥物過量死亡的案子都會讓至少一個家庭受到永久性的傷害，因為成癮者是「責任最大」的一方，而等著他們自行去解決鴉片問題就是輸家思維。

如果你家反覆遭人入侵行竊，我們大部分的人都會說那是犯下罪行之人的錯，但是**解決方法**可能完全與犯罪之人無關；解決方法可能會包括，像是養狗、換個更好的門鎖、加裝警報系統，以及在門前貼上美國全國步槍協會（NRA）的

貼紙等等。 輸家思維會把解決方法與是誰的錯綁在一起；一個更有效的方法則是去想說解決方法無所不在。

接著來想一下移民這項議題。非法移民的錯完全在於進行這種行為的人們，但若是期待解鈴還需繫鈴人，則很不合理。解決非法移民唯一的方法要嘛是政府讓所有移民合法化，不然就是要找到更好的方法，不要讓人非法移入。

大部分在讀這本書的人，相較於純粹的社會主義，會更偏好資本主義，而資本主義需要大眾在各自的財物成就上負起責任；我們的法律系統也是一樣。當大眾都在法律以及金錢相關事務上，為自己的行為負起責任時，對於社會的運轉來說，會是最佳的狀態。但是將這種個人責任的概念用到每一個情況、以及每一個問題上，就是個錯誤了。工程師不可能會犯這種錯誤，對他們來說，最佳的解決方法，可能跟我們所**感覺到的**問題肇因完全無關。

有一種常見的輸家思維是提出這種問題：「是誰先開始的？」這是另一種指定責任歸屬的方法。有非常多的理由可為事情的結果指定責任歸屬，但是，這不一定每次都可以讓你知道，誰才是最適合站在解決問題位置上的那個人。如果開始造成問題的那群人無法或是不願意解決，如以一來，問題的解法就與原因無關了，不過這樣也沒關係。工程師學習到如何在做決定時，排除情緒，這一點使得他們不會被是誰的錯這個問題給侷限住，並得以找到最佳解決方法。

> 問題的最佳解決方法經常與是誰的錯無關。如果你的思考方向與此相反，就是輸家思維。

如果你家裡不只有一個小孩，你可能會知道，當他們把錯怪在兄弟姊妹身上的時候，要他們收拾善後有多困難。對家長來說，允許「是誰做的」這個問題來影響自己決定誰該善後，就是輸家思維。我母親在處理這種事上是箇中翹楚，都該獲頒冠軍獎盃了。

> **媽媽**：史考特，把亂七八糟的客廳收拾乾淨。
> **史考特**：不是我弄的！是戴夫！
> **媽媽**：我沒問你是誰弄的。

然後，我就把客廳收拾乾淨了。老媽對於輸家思維零容忍。在所有情況下都堅持著，唯有繫鈴人才該去解開鈴鐺這種想法相當天真，多一點點彈性將大有助益。

單 一 變 因 的 假 象

工程師受過專業訓練，學習過如何辨認在特定情況下，哪一組變因是重要的。有一件事工程師知道，可是一般民眾很常忽略，就是在同一時間裡，常常會看見一個以上同樣重

要的變因。

對於所有國家級、或與全球利益相關的議題來說，你無法仰賴那些各有偏頗的專家們去替你把事情梳理好，而他們是你唯一有可能遇到的專家。我們通常都得仰賴自身的才智，從假新聞中看出真相。但是要怎麼做呢？

如果你跟大多數的人一樣，你也會抄單一變因這條捷徑。有些時候這麼做是可行的，舉例來說，多年前，當《新聞週刊》（Newsweek）還是一本實體雜誌的時候，他們邀請我創作一期以呆伯特作主題的封面，問題是，他們當時正苦惱於在兩張封面之間，要選擇用哪一張；一張是我的作品，另一張則是以一位極具吸引力的女性臉孔當封面。我把作品畫出來了，但我知道這只是在浪費時間。這裡唯一的變因就是幾乎全人類都喜歡看有吸引力的女性面孔，而會喜歡呆伯特漫畫主題的民眾大約是百分之二十，這樣的人數足以讓我致富（也的確讓我致富了），但無法跟一張幾乎百分之百會受到喜愛的封面相競爭。正如我所預料的，呆伯特沒有出現在封面上。在這個例子裡，這一個變因（有吸引力的女性面

孔）是可預測的，但這是個特殊案例，更典型的狀況是，你無法辨識哪些變因是可預測的。

二〇一六年大選過後，權威們對於為何希拉蕊・柯林頓（Hillary Clinton）跌破眾人眼鏡敗北各抒己見。如果從那時起到現在，你曾經完整看完一小時的政論節目，那麼有很大的機會是你已經聽過許多種解釋，大部分都是針對某個變因，並推測那是「重要的那個」。

一場選舉的結果鮮少取決於單一變因，尤其是在總統大選裡，這點再真實不過了。希拉蕊・柯林頓之所以會敗選，是因為有**數百個變因都各自處在當時的狀態下**；如果其中任何一個變因出現了任何可察覺的異動，結果也會有所不同。因此，當你發現自己在說希拉蕊是因為某個變因而選輸時，要意識到自己正在胡說八道。所有的變因都必須與當時一模一樣，我們才可能獲得現在這個結果。[②]

> 如果你用了多重的變因來分析一個複雜狀況，然後結論是其中的單一一個是決定性因素，那麼很有可能你正在進行輸家思維。

你在以下這些生活情境中，特別會想要將自己的思考模式預設值設成單一變因式的思考方式：

1. 試著搞清楚為什麼一段關係會告吹

2. 試圖理解家人和朋友的動機

3. 在複雜的情況下做出商業決策

　　我對你們的具體生活所知不多，所以我會用一些我們一直在新聞上看到的主題來做說明。就以氣候變遷這個主題為例，我常看到很多懷疑論者宣稱氣候科學家會順著提供贊助金的金主想要的方向走，因此，懷疑論者如是說，我們不能相信那些宣稱氣候暖化已經達到致災性程度的科學家。金錢確實會造成巨大的偏私，但你若是認為在氣候科學上形塑一個理性的意見，你只需要這個單一變因就夠了的話，那就是過分簡化了。氣候這項議題不論是複雜程度還是牽涉其中的變因數量，都是數一數二的。

　　其他的氣候懷疑論者提到，氣候變遷是一群全球菁英主義者策劃的陰謀，他們正試圖為了社會主義而摧毀資本主義；一旦你知道這一點後，他們認為你就不需要去聽信科學家的話了。我深入了解了一下這種信念，並且發現這種想法很大一部分是源自於一支缺乏脈絡、具有誤導性的影片。而即便這種說法是有事實根據的，仍然沒有解釋為什麼全世界數千名氣候科學家都相信他們所做的事是真正的科學，即便用認知失調和確認偏誤也無法完整解釋。

　　在邊境安全的議題上，自從二〇一六年的選舉以來，我們觀察到來自敵對陣營的人們都在傳達單一變因式的意見，這項議題的複雜性，滑稽地縮小到變成「圍牆行得通」與「圍牆沒有用」的爭論之中，雙方的意見都很荒謬，圍牆（或者

是邊境障礙）的意圖是要產生阻力、以此來改變行為模式，以及或許可以減少部分地區保安人員的需求。如果要進一步複雜化這件事的話，一個可以有效降低人流的障礙物，對於阻擋藥物流通可能毫無用處；再者，邊境屏障在人口密集處會比較有用，在這些地方，非法移民可以進入另一方的城市，然後消失得無影無蹤；然而，若是在一片荒涼的土地上，附近也沒有人口聚集的中心，你只需要一道裝有感應器的低矮圍籬就夠了，如果有人碰到了感應器，邊境的安全人員就會出現並將其逮捕，因為附近也沒有適合躲藏的地方。關於邊境圍牆，一個更細微的看法是圍牆會產生阻力，進而改變行為模式；邊境安全專家們表示，這可能是一套更大規模的、馬賽克拼貼般的保安方法中，有所幫助的一小部分。

有個不錯的通則，情況單純的話，有時候可以用一個關鍵的變因來解釋與預測；但是情況複雜的話，像是經濟、氣候變遷以及選舉等，就鮮少可由單一變因找到解答。

第 7 章

用領導者的
方法思考

在我事業的初期，我以為自己想要成為企業執行長，或者至少是某個地方的資深管理階層。為了要學習領導這門藝術，我白天有全職工作，晚上去上夜校，並取得柏克萊的MBA 學位。這些課程讓我學到了如何進行商業以及金融分析，進而做出理性的決策；不幸的是，其中並未含括有關遊說的課程，而領導人一天中，至少有一半的時間都在進行遊說。多年來，我靠自己學會了遊說以及其他領導技能，大部分是透過觀察在這方面做得很好的人士。你們大部分的人都知道領導能力的基本知識，因此，我會聚焦於你鮮少看過的概念。

方 向 正 確 的 濾 鏡

這麼說好了，你請了一位專屬的健身教練，他承諾會讓你的體脂率從百分之三十五降至百分之十五。你們一起健身了幾年，你的體脂率降到了百分之二十，技術上來說，你的教練失敗了，你甚至可以說他騙人，但是教練的方向卻是準確無誤，而你也往這個方向前進了不少。生活中大部分都跟這個例子很像，你通常可以知道自己是在往正確的方向走，這很重要，而你估算的準確度則是次要的。

真相有兩個重要的面向：(1)準確度以及 (2)方向。如果你不知道這兩者當中，哪一個比較重要，你便有可能正身處精神監獄中。

如果你是從事數學、工程學、科學或是醫學相關領域的人——我只是隨意舉幾個例——那麼你會希望你的資訊愈精準愈好，但即便是在這些領域裡，你是否走在正確的方向上，通常也是相對重要。

　　舉例來說，假使一位工程師確定某種新型材料在正常使用下一天就會故障，那麼即便這個估算值與實際上有一個月的差距也不是太重要；重要的是，這種新材料並不適合日常使用。

　　同樣地，一名醫生可能會說，改善飲食習慣可能會讓你增加二十年的壽命；即使你可能只多活了五年，但是在較好的飲食習慣會增加你擁有健康生活的機率這件事情上，這位醫生在方向上仍相當正確。

　　你可能可以想到一些例子，是你**的確**需要完全精準的資訊，像是設計符合規格的產品，但是那些狀況在你遇到時，是相當顯而易見的。

　　我們人類對於缺乏準確性以及謊言，有著反射性的厭惡。我們也不喜歡那些非法兜售不準確資訊的人，這是有道理的，因為我們是以成為社交性動物在進化，而信任正是凝聚社會群體的黏膠。我們天生就偏好事實。

　　蹊蹺之處在於，任何希望打動民眾的領導者都很快就發現，他們所擁有的事實和理由，是從事遊說很糟糕的工具。我在我的書《超越邏輯的情緒說服》裡，更詳盡地描述了這個現象，大意就是，人類是一種不理性的生物，誤以為自己是運用邏輯和理智來做決定；而事實是——科學家已經

透過許多不同的方法證實——我們反覆地做出非理性決定，然後再試圖將其合理化。這也就是為什麼那些不同意你意見的人，常常不只是說得不對，還看起來蠢斃了，而且重要的是，他們對你的看法完全一模一樣。①

要看出另一個人在合理化自己（相對於理性）很容易；但是當你自己正在做這件事情時，要有所察覺幾乎是不可能。這也就是為什麼你所看到的大多數社會或政治上的意見分歧，都會有一兩個甚或更多的笨蛋，指著叫囂「你這個白痴！」或諸如此類。兩方在指出對方處於非理性狀態這一點都很正確，但是在認為自己是理性的這一點上則是錯的。

要以更為有效的方式看待世界需要理解一點，就是對於各式各樣的真相來說，你只需要方向上是準確的就夠了，例如，我們可能知道公平貿易會比不公平的貿易好，但我們並不知道某項特定的改變能夠增加多少 GDP。我們只知道好的交易對經濟比較好，我們不必知道具體結果會怎樣，就能夠知道這個真相位於何方。

對大部分的政治決策來說也是一樣。我們往往知道我們需要往哪個方向前進，但我們通常不知道這一切會在哪裡結束。找到正確的大方向至關重要，而完全精準無誤則只在某些時候有它的重要性。

如果你發現自己正在抱怨某位領導者的主張禁不起事實驗證，在技術上，你可能是正確的，但是你那精準的觀察卻不一定有任何重要的意義，真正重要的是，領導者所做出的遊說，是否會引領你以及他人通往正確的方向。

我們都想要生活在這樣的一個世界裡：我們所做的決定，理所當然地會受到事實、理性，以及同理心和倫理因素的影響；而任何其他的因素則不會干擾我們的決定。然而我們並不是活在那樣一個世界中；但我們確實活在一個這樣的世界裡：我們通常可以知道我們想要事情往哪個方向走，但是幾乎無法精準地知道要怎麼樣才能做到，以及最後結果會如何。

> 如果你發現自己執著於事情的準確性，而非那些事情會引領你的方向，你可能正身處於精神監獄之中。

將 誇 飾 與 合 理 意 見 混 為 一 談

領導者的工具中，最好用的一項叫作誇飾，更常見的說法是誇大其詞。[1] 為了遊說，領導者經常會誇大自己的強項，對於缺陷則是輕描淡寫。因此，如果你想聽懂一位領導者到底所言何物，具備區分誇飾和事實的能力，會對你有所幫助。

二○一八年的十一月，眾議員艾瑞克‧史瓦維爾（Eric

1　譯者注：原文中 hyperbole 與 exaggeration 為近義詞；前者主要指的是一種修辭、演說技巧，後者則指的是言詞內容比事實來得更嚴重。

Swalwell）參與了一場在推特上的討論，其中，他提到政府可以嚴格執行半自動步槍的禁令——如果這樣的法律通過的話——因為比起人民，政府的武裝力量更為強大。這則對話發生在推特上，在這個地方，有創意的誇大是稀鬆平常的事，且史瓦維爾妥善地利用了誇飾來強調他想說的事，但這則發言在那些憲法第二條修正案的支持者間，反應並不好。

當我在推特上看到那些強烈的反應，我認為自己可以幫忙釐清狀況，方法是告訴大眾，對於史瓦維爾發言中有關核武的指涉不必當真，因為很明顯那就是一種誇飾。針對我的

這個意見，我收到了兩種不理性的回應。

不理性的回應 1：這群人說他們理解在這邊提到核武是種誇飾，但是對於他們來說，這顯露出一個跡象，就是史瓦維爾在暗示政府可以透過暴力恐嚇的方式，沒收所有槍枝。這麼說相當準確，但缺乏了重要的脈絡，就是政府在執行所有主要的法律時，都是靠暴力恐嚇。法律就是這樣運作的。如果你在這個國家做出重大的違法行為，那麼政府所僱用的武裝人員就可以把你找出來並加以處罰；而如果你使用武器來抗拒處罰，可以合理地想見，政府會用武器來阻止你。

如果你試圖在家裡製作炸彈或是化學武器，被政府發現了，他們會派遣配槍人員來處理這個狀況。同樣地，如果政府立法通過禁止某種類型的槍枝，並且假設最高法院表示這個法案是憲法級的，那麼你就同樣可以想見，政府在執行這條法律時將使用武器。因此，倘若你認為史瓦維爾正在引入一項新的苛政，進而導致政府會對人民武力相向，這個想法就完全脫離事實了。史瓦維爾只是推薦了一條新的法律，而無論是直接或是間接，政府一直以來都是用槍在執行那些最主要的法律。你可以討厭這條法律本身，但去爭論法律的本質沒有意義。

在這裡，合理的問題是史瓦維爾所呼籲的，禁止某種類型的半自動步槍是否是憲法層級的法案，以及是否是大眾想要的。我不會參與這個議題的討論，因為這並不屬於這本書要檢視的範圍。但我要留給你們關於輸家思維的兩個教訓，第一個就是：

> 如果從字面上的意思去理解政治上的誇飾，是一種輸家思維。

不理性的回應 2：這群人說，他們自始至終都知道史瓦維爾提及核武是在開玩笑，但是他們選擇**表現**得彷彿史瓦維爾是認真在說這件事一樣，因此他們就可以把他「逮個正著」。史瓦維爾所屬的團隊（民主黨）曾數次扭曲他們所屬的團隊（共和黨）的意思，這麼做可以扯平。這可不是個能帶來成效的做法。

> 像個傻子似的，表現得跟對手一樣，藉此來打擊對手，就是輸家思維。這麼做可能會讓你自我感覺良好，但不是個會帶來勝利的策略。

有 系 統 的 方 法 vs. 目 標

湯瑪士·愛迪生（Thomas Edison）有一個目標，就是發明出實用的燈泡，但如果缺乏一套有系統的方法來達成這個目標的話，一切也只是枉然。他的那套方法包括不停地去嘗試使用不同的切入點，直到其中一個成功為止。假如愛迪生過於具體地針對自己的目標，堅持使用某一種燈絲、或是堅

持發展某一種燈泡，他就不會成功。他的方法是放任式的，他並不知道哪一個方案會是最好，他用他的系統探索出那個最佳方案。

領導者都懂，一個好的方法需要規律性地去執行某些事情，增加你獲得好的成果的機率，即便你不是很清楚成果究竟會是些什麼。舉例來說，念大學以及持續學習新的技能會讓你有所準備，面對不同的機會時可以把握得住，但你無法每次都預測到這麼做會帶你到哪裡。如果你發展出一組好的、有系統性的方法來改善飲食習慣與健康狀況，這對於你的健康、個人生活，甚至是事業可能都有所助益，但不完全會是以你預期的方式。

我所採用的其中一套方法是，在各式各樣的主題上書寫部落格以及做節目，然後監測觀眾的反應，以此得知我要把精神放在哪邊。這個方法我已使用多年，讓我從漫畫家進化成聚焦於遊說行為上的政治權威。我不可能預知到這個結果。我只是在我的技能包裡持續裝入新技能，同時測試不同的訊息以及主題，直到我做的某件事情可以刺激觀眾，結果就是現在這樣。

作為我旅途中的一部分，我在推特上建立了很龐大的追蹤數，因此得以看到一些輸家思維的例子，其數量之多，完全超乎我的想像。當我把我對於那些社群媒體上最常見的、有缺陷的思考模式，賦予新的理解並與我的寫作技能以及廣泛的媒體技巧相互結合，便成就了你我在這本書中的相遇。而這裡頭沒有任何一項成因是可以事先預想到的，除非有一

個感覺很對的方法能帶來機會，否則，你可能甚至不會知道這些機會的存在。

在你的個人生活、職業生活以及政治意見等方面，只要實務上可行，去選擇方法而非目標是很合理的。明確的目標會給你一條可以取得勝利的道路；方法則可以鋪設很多條通往勝利的道路，其中有些是你不可能有辦法想像得到的。

這裡有個輸家思維的陷阱，就是你經常會看到有人把政治上的目標跟對於某個特定途徑的喜好這兩件事情拿來做比較，這在表面上聽起來很合理，但是更高明的做法會是偏好一套有系統的方法，這會讓你擁有多種取得勝利的途徑，而且失敗的機率極低。

例如，在美國，我們有很多想要改善健康照護系統的點子，而大眾用來談論這些不同計畫的方式是，彷彿我們得從中選出最佳的一個來實施。這就是一個不佳的思考方式案例；更高明的做法是，承認我們不知道哪個計畫是最好的，然後想辦法進行小規模的測試，或許某個城市或某個州會想要先試試看。理想的狀況是，不同的地方會嘗試不同的方案，如此一來，某天我們就會比較站得住腳，可以去進行比較。進行小規模的測試並追蹤其成果，這是一套有系統的方法，而且你不可能會批評這種方法，因為它聽起來是如此明智。

> 目標是給輸家思維者的，有系統的方法是為贏家準備的。

第 8 章

用科學家的
方法思考

巧合

如果你認為自己在某個主題上的意見正確無誤，那只是單純因為沒有任何其他可用來解釋的巧合，接下來的這件事，可能有助於你對於偏誤的確認，知道它看起來就像那樣。我們人類很不善於分辨哪些巧合是有意義的、哪些只是純屬巧合。所幸，科學家所受的訓練就是，面對任何形式的巧合，都要保持懷疑的態度，你也可以好好地追隨他們所做出的示範。

我在寫這個段落的那天，訂購了一個夏筆（Sharpies）的包裹（簽字筆），出於各式各樣的理由，我很愛用這家的筆。當我在家打開包裝時，我的電視開著，我聽到格瑞格・古特菲德（Greg Gutfeld）正在福斯新聞台的節目《第五人》（*The Five*）上，宣告他對夏筆的熱愛。他說這句話時，我手上正拿著新購入的夏筆，心裡想著真是太棒了。世界上就是充斥著大量毫無意義的巧合。

還想要更多例子嗎？

幾天前，我把我收藏的手電筒整理到我個人的私密空間裡的一面陳列牆上，你也可以說那裡是我的車庫。我一一檢查每一支手電筒，確保電池都是新的。我對手電筒的熱愛更甚於對夏筆的愛。隔天，有一部休旅車撞上附近的電線桿，我家因而幾乎整晚陷入一片漆黑中。我確定這是十年來首次停電停那麼久，而它正好就發生在我剛打造了一座手電筒聖壇的第二天，如此看來，我早已準備好要應付這一刻的發生。

同一天稍早，我請了水電工來修理我的淋浴設備，那天傍晚，我看了《公園與遊憩》（*Parks and Recreation*）的重播，裡頭有一幕是有個傢伙在修理淋浴設備。我有多常修理淋浴設備？就我記憶所及，那是我有生以來第一次，而有多常會看到有人在電視上修理淋浴設備？我想不起來還有別次，不過當然囉，就算我看過，也沒道理會記得。

　　在同一集的《公園與遊憩》中，有條支線劇情是，有個傢伙在他前任女友住處的對面搭了帳篷，住在裡頭。我是跟我女朋友克莉絲提娜（Kristina）一起觀看這個節目的；碰巧，她的某位前任曾經跟蹤過她，那個人實際上真的就是在她住處的對街紮營、駐守在帳篷裡。這未免太詭異了吧！

　　再回到那位幫我修理淋浴設備的水電工，對我而言這是件大事，因為我已經一週沒辦法使用我自己的淋浴間了。我等不及回到那個空間，投入那溫暖又濕潤的懷抱。我整個星期一直不斷地向克莉絲提娜抱怨我沒辦法享用我的淋浴間，而修好的時候，我是真的再快樂不過了，然而，就在我可以好好享受我深愛且超棒的淋浴時，那部休旅車就把電線桿撞爛了，連帶地，我也沒電可用了。有時候停電會對電子設備造成傷害，我家裡充斥著大量的電器產品，而剛好就只壞了這一個：我熱水器裡的電子裝置。整週以來，我就只有這麼一個雄心壯志，就是使用自己的淋浴間，但是因為某些非比尋常的機緣巧合，一位休旅車駕駛在一個不能更糟的時機奪走了我實現這個夢想的機會。我的淋浴設備在一週內，接連兩次出問題的機率有多低？而更巧的是，我的水電工從來沒

修過這款熱水器，也無法在幾天內快速取得零件。所以，我從供應商那邊訂了零件，他們承諾會連夜出貨，隔天一早就會配送。五天過去了，我依然在等這個包裹。

　　所幸，我早已計畫好那週要出外寫作，因此我身在城外的一家旅館。你問在哪家旅館嗎？我事先並沒做旅遊計畫，但是，我碰巧住進了我在前面的章節裡提過的那家旅館，不過至少這次桌上沒有那片尷尬的桌布。

　　今天，推特上有人傳了一支爆紅的影片給我，那是一九五八年某部電影中的一小片段。裡頭有個騙子名叫川普，他試圖要將一道防護牆賣給西部一座小鎮裡那些毫無疑心的村民。我在看這支影片的同時，川普總統正在造訪邊境，目的是要談談他那個「牆」的計畫。先把政治放一邊，這可不是滿巧的。

昨天，我用一款 App 接了通電話，這款 App 是我的新創公司的產品，叫作 Interface by WhenHub，這款 App 可以讓（任何領域的）專家接聽那些願意透過 App 支付時段費用、打視訊電話給他們的人。我刻意把自己的價碼設得很低，因為我當時正在推廣這款 App，而且想要確保有人會打給我。打給我的人當中，有位年輕人，他說他讀過好幾本我的書，並且對正面肯定這個主題特別感興趣，在這個主題上我寫過幾篇文章。在讀完我的書之後，他決定嘗試使用一則正面肯定。他的目標是找到一個可以親自跟我談話的方法，好問我一些後續、關於證言的問題。當他在推特上看到我的公告，說我現在正在 App 上，他馬上下載了這款 App 並聯絡上我。我碰巧在家坐在沙發上的時候，碰巧有一位充滿幹勁的書迷得以親自跟我談話，這樣的機率該有多低？碰巧，我還聯合創立了一家公司，正巧解決了他想要跟我說到話，又無法取得我的個人聯絡資訊這個問題。

今天，我在電腦上打開了一個資料夾，裡面是你正在讀的這本書的草稿。我已經好多天連一個字也沒寫了，而我需要在我反覆重寫的過程中搞清楚上次寫到哪兒，幸運的是，這份文件檔在我的電腦上仍然開啟，位置也正好是我上次停筆的地方，正是這個章節，標題是「巧合」，而我在這個章節給自己留的注記是，我需要加入更多巧合的例子。完全出於巧合，一些最近發生的巧合在我腦海裡記憶猶新，而你剛剛讀完了，這個章節寫起來滿容易的。

所有的這些巧合有什麼意義？一點意義也沒有。巧合很

常發生，但是我們人類總是很奇怪，硬是要賦予巧合意義，而當我們這麼做的時候，我們通常都在進行輸家思維。

說句公道話，有時候巧合的確有點意義。如果警察正在調查一起近親謀殺案，而生還的配偶卻在事發之前訂了一張飛往國外的機票，那就很有可能完全不是巧合。但是更常見的狀況是，我們自以為巧合代表了些什麼，但其實沒有。我們被巧合所環繞，其中大部分完全毫無意義。

巧合有可能會變得具有誤導性，這在你的事業以及個人生活中，尤為常見。當一項議題中帶有情緒成分，而你也已經預設好認為某些事是真的，那麼，你就可以想見，環境會提供你很多的假信號。

舉例來說，如果你懷疑你的另一半在說謊，那麼突然之間，你會發現你舉目所見，處處都是他說謊的徵兆，即便這些徵兆都是假的。並且，如果在職場上，你認為有個計畫很糟，那麼，即便是你的意見並不正確，你也會看到各式各樣的信號，顯示出你是對的。當你愈在乎某個議題，就愈容易動搖，愈會在巧合上強加意義。而倘若那個狀況充滿各種變因，你還會擁有很多選擇，可以決定要幫哪個巧合賦予意義。

> 有些時候，巧合會提供你一些有用的資訊，但是百分之九十的時間，它都在誤導你。當某個意見僅僅只是來自對於巧合的詮釋，千萬不要對這個意見抱有太大的信心。

軼事證據

　　最常見的輸家思維形式之一，就是把某一個單一事件當成整體性的規律或是潮流來看待。牽涉到這類型的觀察「證據」時，有一個術語叫作「**軼事式的**」，意思是這個資訊源自於你那些缺乏結構性的觀察，並非來自科學，或是其他可靠的資料數據，因此，不應該被當作是具有說服力的證據。

　　如果有個戴綠色帽子的人往你的肚子揍了一拳，你可能會很不理性地下一個結論，認為戴綠色帽子的人都很危險。如果你是個聰明人，就會發現這只不過是軼事證據，無法代表所有戴綠色帽子的人。在日常生活中，大部分的人都理解科學證據和軼事證據之間的差別，但是……

　　當媒體以偏頗的方式報導、讓你看到你以為是規律的東西時，就會出問題。如果你偏好的新聞來源裡，每則消息都聚焦在綠色帽子暴力事件上，你也很快就會相信這是個大問題。我剛剛描述的是每一個會有新聞露出的平台。他們都聚焦於那些支持他們政治傾向的報導和照片；而報導的焦點，通常會涉及死亡和危險，這會給受眾一個偏頗的印象。這一點在任何與暴力相關的報導上特別真實。如果我們看到的所有新聞內容都與無故揍人的綠色帽子人士有關，那麼，我們很快就會認為他們是社會最大的威脅。

> 如果你在一個大型議題上，做出結論的方式是透過觀察
> 軼事證據，那麼你就是在進行輸家思維。

捫心自問：「如果倒過來才是對的呢？」

德國數學家卡爾‧古斯塔夫‧雅各布‧雅可比（Carl Gustav Jacob Jacobi）——他父母真不擅長替寶寶取名——他因為一句格言而廣為人知，那就是如果你把問題倒過來說的話，通常問題會比較容易解決。[1]知名發明家查理‧孟格（Charlie Munger），他最為人熟知的身分是華倫‧巴菲特（Warren Buffett）的商業夥伴；即是用這句格言的某種版本來看待投資。一開始，他並不是去尋求怎麼做可能會讓他們獲得成功，而是去理解在這個狀況下，失敗是什麼模樣，以及如何避免。[2]

作為一名漫畫家，我的寫作技巧之一就是要考慮一些日常情況，並且捫心自問，如果我的假設跟事實完全相反的話，會是個怎樣的光景。例如，我們都認定我們的醫生想要治癒我們，並且很努力地這麼做。但是為了漫畫，想像一個顛倒過來的情況會比較好笑，也就是說，醫生是個連續殺人魔，並且找到了一個合法的手段，可以滿足自己的嗜好。如此一來，他就只是在開一些爛得要命的醫囑。這種顛倒現實的心智練習是我工作的一部分，因此，在新聞上看到一些議

題時、在我的個人生活當中、以及其他別的地方，我也會反射性地這麼做。通常，事情不會真的是顛倒過來的樣子，但是當這種狀況發生時，能幫助我們有所警覺。

你是否曾經疑心某個心愛的人試圖做出對你不利的事情，之後卻發現他們其實是在幫你？如果在發現自己的理解有誤之前，你讓自己對最初的理論堅信不移的話，可能會在得知真相之前造成許多傷害；但如果你的第一反應就是捫心自問，如果這個第一印象**倒過來**才是對的，你就會比較站得住腳。在確定真的了解之前，認為你所懷疑的那個可能性和事實完全相反，兩者都具有同等的可能性，這麼做通常都會有幫助。

人類大腦處理事情的方法很怪，如果我們在某個議題上選定了堅定的立場，那麼即便有新的事實浮現，並且駁斥了我們起初的信念，我們也不可能會改變心意。這就是為什麼在事實尚未明朗之前，不要選定一個那麼堅定的立場會比較聰明。在這些狀況下，我的信條是：**但我也可能大錯特錯**。這麼做，之後如果有需要調整意見的話，會讓我擁有心靈上的自由。

> 永遠都要捫心自問，把你的理論倒過來，看看有沒有可能這樣才是對的。這麼做會讓你保持謙卑，並且讓你在知道真實的情況之前，比較不容易因為偏誤而受到影響。

用害群之馬來對團體做出評價

科學家們受過專業訓練，懂得故事和觀察到的事實可以同時既有說服力又具有誤導性，這是個危險的情況。我們這些不是科學家的人，很容易被單一故事所影響，尤其是當這些故事與特定族群裡成員的不當行為有關。

我在撰寫這本書的時候，民主黨員正因為一些共和黨員的種族歧視，指控他們都是種族歧視者；與此同時，共和黨員因為某些民主黨員是社會主義分子、罪犯和無政府主義者，而指責他們全都是如此。

如果你的目的是不擇手段地獲取勝利，替另一方做這種不道德的負面宣傳，可能會產生奇效；做得好的話，你可以說服你那方以一種近乎暴力的狂熱，憎恨不屬於你這個團體的局外人。拜託你別這麼做。

如果你發現，即便證據顯示出跟你想法完全相反的事實，卻還是相信你的國家有數百萬的人都具有某些卑鄙可憎的特徵，那麼你可能正在進行輸家思維，這種輸家思維會讓你變得比較沒效率而且還比較不開心。

如果你是真心地在嘗試要理解這個世界，請你避免用害群之馬來對整個族群的人做出評價。如果跟你同隊的人鼓勵你這麼想，就已經夠糟了。但如果你也如法炮製了這種輸家思維，我不建議你為此感到自豪。

自由媒體的商業模式仰賴著一種概念，就是美國的每一

個政治黨派都會跟其中最糟的百分之五的成員一樣爛，這百分之五會創造出無窮無盡的新聞事件，在這些報導當中，一些細瑣的事件會被轉化為整個族群的糟糕行徑。當你讀到一些報導，指出某個族群「總是在做……」的時候，要記得這一點。

不要相信一個族群內的每個成員，都與族群裡那最糟糕的百分之五一樣糟；如果你相信這種說法，那麼無論你隸屬於哪個族群，你可能就是那最糟的百分之五裡的一員。

替 負 命 題 舉 證

如果你的論證中，有任何部分是仰賴批評的人去「證明這不對」，那麼你的思維模式就會跟邪教成員很相像。一般來說，是不可能去證實東西的不存在，你能做到的極限是展現出你無法偵測到某件事情的存在，然而這點與證明這件事情是做不到、或不存在有很大的區別。這邊有我那位加州眾議員艾瑞克・史瓦維爾的例子。史瓦維爾要求民眾證明一個負命題為真，而這當然是不能辦到的。

我有沒有辦法舉證，證明我的決定並未受到某種外星高等生物的影響，這種生物也並未在我不知情的狀況下用洗腦槍影響了我？不行，我無法證明這沒有發生，但這也不代表這件事真的有發生過。

艾瑞克·史瓦維爾議員 ✔
@RepSwalwell

追蹤

湮滅證據就是意識到自己在犯罪，都到這個地步了，請給我看 @realDonaldTrump 不是在替俄羅斯工作的證據。

葛列格·米勒 @gregmiller
最新消息：在與普丁的閉門會議之後，川普拿走了翻譯人員的筆記，告訴這位語言學家，不要把發生了什麼事透露給其他行政單位。與普丁隱密交流的模式。 washingtonpost.com/world/national...

下午 4:02 2019 年 1 月 12 日

回推 20,241 讚 57,649

○ 3.9K　↻ 20K　♡ 58K　✉

　　我先前提過那位匿名者 Q 的陰謀論，在我說了匿名者 Q 陰謀並非是真的之後，那些相信匿名者 Q 這項理論的人席捲了我的推特動態，並挑戰我，要我「證實 Q 並非像他所宣稱的那樣，是一個來自深層政府的內部人士」。匿名者 Q 這個邪教的成員不理解負命題無法舉證的這一點，我也未感到意外。我可以引導他們去看一些連結的內容，這些內容顯示出匿名者 Q 並未對未來做出準確的預知，我也的確這麼做了。當時，Q 的追隨者退縮了，轉而胡說八道，說匿名者 Q 要大眾自己做好功課，這是針對錯的預測為什麼比對的還多，所提出的某種藉口。在我看來，Q 的追隨者們都沒有修過任何有在教授學生如何思考的學科，或者至少他們大部分的人都沒有這種經驗。而我說這句話的時候，是懷著愛的，因為我認為追隨 Q 的人立意是良善的，但是倘若他們從未接觸過任

何有在教授如何進行有效思考的領域，他們可能在推敲匿名者 Q 事件中的真相時，會居於劣勢。

受過專業訓練並學過如何做決策的人，就知道要求別人替一個負命題做出舉證並非理性的做法。所以，如果你發現自己正在要求別人做這種事，你就是在進行輸家思維。

> 證明某件事情並不為真，幾乎不可能辦到；但是有時候我們可以證明某件事情為真。

用創業家的
方法思考

被沙發鎖住

　　我是個受過專業訓練的催眠師，而這段經歷徹底改變了我看待世界的方法。作為催眠師，你會即時地幫他人重新轉接大腦的迴路，彷彿他們是我所說的那種「濕潤的機器人」。[1] 你可能會有某種浪漫的想法，說人類擁有獨立的靈魂以及自由意志，如果你不曾親自見證一個人的大腦迴路被重新配置，要你放棄這種概念會很困難。但是為了達成我們此處的目的，我不會深談裡面全部的哲學，我只會提出一個重點，即理解催眠師視人類的大腦如機器，是可以被編程的，此做法可能會在各式各樣的時機派上用場。要利用催眠行動中浮現出來的思考方式，你並不需要「相信催眠是真的」，只要去嘗試看看下面提到的方法就行，然後，再自己看看這個方法是否替你帶來了好的結果。

　　懶人跟吸大麻的毒蟲有個專有名詞，用來形容那種沒有動力可以讓自己從沙發上爬起來的感受，這個詞就是**被沙發鎖住**了。你的身體應該是**有能力**從沙發上起來的，而且你可能也想要起來，但是你缺乏明確動機，這感覺就像你被困在自己懶惰的身體裡面。

　　你用不著去吸大麻就可以體驗到被沙發鎖住的感受。我們都有許多經驗，在想要起身去做些有用的事情時，卻又無

1　譯者注：亞當斯創的新詞，意指將語言視為某種程式的介面，而人類則是複雜的機器人。

法說服自己付諸行動，這可能會發生在你很累、缺乏動機、害羞、焦慮或甚至憂鬱的時候。你的身體就坐在那裡，宛如一袋馬鈴薯，同時，你的大腦正無可救藥地想著站起身做些什麼對自己比較好。出於某種神祕的理由，你的大腦無法對你的身體下指令，讓它離開那張沙發。你可能很清楚，你需要打通電話，或是為了朝你人生的抱負邁進，你需要去上某一門課；然而基於某種原因，你就是沒有這麼做。你可能認為自己知道為什麼會這樣，也可能不知道。但是最終的結果就是你的大腦無法強迫你的身體去做一些很簡單、並且是你知道為了改善你的情況必須要做的事。你實際上就是被鎖在一個自己創造的精神監獄裡了。

即便你在從沙發上起身這方面沒有問題，你可能也會在生活中的一些重要面向上感到無法動彈。你是否正想著要換工作、申請研究所、搬到一個好一點的地方、學習新的技能，或是更新你的感情狀態？你的第一個步驟是，要弄清楚該怎麼治療讓自己不想有所行動的那股勁。

要終止任何這種被沙發鎖住的情況，其祕密就在於不要去想像你**需要**去做的每件事，而是從想像你**可以**不費吹灰之力就做到的**最小步驟**開始。如果你認為自己無法說服自己站起身來、去做該做的事，那麼就說服自己動動小指頭，然後真的動一動你的小指頭。

你在轉動小指頭的同時，會立刻重新掌握先前暫時失去對於身體的控制感。不管你有多忙、多累、多憂鬱或是多沒動力，動動小指頭都是可以輕鬆做到的事。去做那些你**做**

得到的事，而不是你**做不到**的事，然後在這個動能上繼續累積。

　　你很快就會發現一件事，就是動了小指頭之後，動動其他手指也變得容易了。接著你可以輕易地動動你的手掌、手臂，以及身體的其他部分。你大概十秒後就可以從沙發上起來了。

　　類似的方法也適用於你在生活中，必須去做卻無法說服自己著手進行的大事。找出你做得到的最小步驟是什麼，然後去做，接著再做下一個迷你小步驟，別再一直想著你腦海裡的那整個計畫，因為那會讓你不知所措，昏死在沙發裡。只要去做你可以輕鬆做到的事就好，然後看看那個行動可以多快地讓下一個行動也變得容易。

　　有時候我會經歷「電話鎖」。這會發生在我很清楚自己需要打給某個人，但就是無法強迫自己拿起電話撥出去。我會替自己找一個又一個的藉口，告訴自己為什麼現在不立刻採取行動也沒關係；解決的方法是去做你**做得到**的事，可能包含寫一份待辦清單，最上面就寫著這一條。或可能你需要先找出那個電話號碼，那就先處理這個部分，然後允許自己到此為止也沒關係。當你的大腦經歷任何一種沙發鎖情況時，去找出通往你想要的道路上那第一小步該踩在哪裡，而且這一小步是簡單到你願意去做，即便這一小步只不過是動動你的小指頭也沒關係。

　　一九八八年，我決定從停滯不前的職業生涯中，轉身成為漫畫家。但是一個人要如何變成一個漫畫家呢？要從哪裡

開始？首先要做些什麼？我完全沒有頭緒。為數眾多的挑戰成為了一種心理障礙，因此，那時我去做了我有辦法說服自己去做的最小任務。我開車前往當地美術用品店，買了高品質、繪畫用的紙筆，作為遠程事業目標開始的第一天。我那天就只做了這件事。

同一週的幾天後，我坐了下來，手邊是我的紙和筆，然後我開始塗鴉，主要是為了測試這些材料的品質，以及我有多喜歡這些材料，這就是我那天做的所有的事。從那天起，我決定把鬧鐘調早半小時，這樣我就有時間可以練習畫一些漫畫，並且在上班前喝杯咖啡。這成了我的晨間儀式。每個步伐都很小，但是會慢慢累積上去。到了一九八九年，我已經積攢了足夠的迷你步伐，讓我可以前往我想去的地方。那年，《呆伯特》開始出現在全國各家報紙的版面。

此刻回頭看，我看到我為了要成為漫畫家付出了多大的努力，可是在任一個單一的一天內，我所付出的努力的量，是我可以承擔得了的，而生活在許多面向上都是如此運作。我們不停地邁出小小的步伐，逐漸累積成一件大事。

我剛把你從被沙發鎖住的狀況中解放出來了。但是在你第一次想到這一章，並發現自己正在轉動著小指頭，著手去做那些該做的事之前，你是不會有所察覺的。

輸家思維也包括事先去想像整體任務，然後被嚇到無法行動。輸家思維的相反則是，把一項大型任務拆解成你願意去做的最小最小的步驟，然後好好去做。跟著從這裡開始累積，一次一個小小的任務。

> 學會用迷你的步伐去思考。如果你正在經歷被沙發鎖住的狀況，試著動一動一根手指頭，從這裡開始累積。

遇到需要讓自己有動力去行動這種狀況時，催眠師和創業家的思考方式是有所重疊的。當創業家不知道要怎麼從 A 點走到 B 點時，他們會往那個方向邁出自己能跨出的最小一步，接著再看看自己是否有辦法在這個新的立足點上，找到下一步該怎麼做。催眠師認為人類是可以被編程的個體，他們知道得從細小的指令開始，像是「你感覺眼皮很沉」，以便採取更大的行動，像是「你的手臂非常輕，就要浮起來了」。當催眠師在小指令上取得成功時，也是在讓被催眠的對象準備好能夠接受更大的指令，像是要他們改變生活模式或是克服某種恐懼症。當你動動你的小指頭，準備掙脫沙發鎖的時候，你同時表現得既像催眠師也像被催眠的對象，並且你很快就會發現，下給自己的小小指令會讓你準備好採取更大的行動，而且成效幾乎是立竿見影。

待在自己的跑道上

我在寫這本書的當下，美國最有影響力的兩個政治人物，一個是當上總統的不動產開發商，另一個是選上國會議

員的調酒師。為了幾十年後還在讀本書的你們，我指的是川普總統以及亞歷山卓雅・奧卡席歐 - 科爾特茲（Alexandria Ocasio-Cortez）議員。他們之間最驚人的共通點就是，他們並未「待在自己的跑道上」，而他們大獲成功。

同樣地，如果我當初「待在自己的跑道上」，在當時指的是繼續坐辦公室的話，你就不會讀到這本書，也不會看到《呆伯特》的連環漫畫了。

要選出史上最具輸家思維的想法作為忠告的話，我會提名「待在自己的跑道上」，這就是那種比較適合拿來給敵人，而不是給朋友的建議。如果所有人都採納了這項建議，你就不會看到人類文明了；我們所知道的世界，是由那些離開自己跑道的人，嘗試利用他們的技能包裡不具備的技能來謀劃、設計、打造的。他們是摸索著前進。

我同意單一標準並非一體適用，有些人或許應該要繼續進行他們最擅長的事，但我不希望整個社會都同意，待在單一跑道上是某種理所當然的人生智慧。在我的經驗中，人生最好的計畫就是（在不會招致重大風險的情況下），盡可能地經常離開你所處的跑道，如此一來，你就可以學會新的技能，讓你的才能包更加豐富。你所擁有的技能愈多，就會愈有價值，雖然你不一定會事先知道，這些技能會將你帶到哪裡去。

如果你在某項特定的技能上，像是體育、音樂或是科學，剛好位於世界頂尖的位置——而你也喜歡自己正在做的事——那麼「待在你的跑道上」可能再合理不過，而且不管

那個情境裡有著什麼樣的價值，你就盡可能地從中獲利吧；但是我們大部分的人都不是擁有世界上首屈一指特定技能的人，甚至連一流的邊都沾不上，如果你是我所形容的這種人的話，那麼我建議你要經常離開你的跑道——即便有丟臉的風險也一樣——去學習新的技能與看待世界的新方法，這裡有張列表，是我人生中所嘗試過（並非精通）的技能：

經濟	談判
商業	預算與籌資
管理	遊說
業務	創業
心理學	行銷
催眠	出版
程式設計	社群媒體
商業借貸	影片剪輯
專案管理	修圖
公開演說	工程
設計	打鼓
藝術	畫漫畫
寫作	政治權威
電視節目	製作直播

要變換跑道最好的方式就是經常離開它，如此一來，你

就可以學到新事物。我偏好於去選擇讓我有所收益的計畫，不論是哪種形式的收益。如果我學到一些有用的新技能，然後獲得了一些很有價值的人脈，且透過這項新技能的濾鏡，學到看待世界的新方法，我便知道自己會變得更有價值，而且路也會更寬廣。

離開你的跑道並學習新的技能會讓你大有斬獲。在面對一項新技能時，從在其中掙扎著載浮載沉，到游刃有餘地掌握，這種經驗會大大提升你的自信心；它也是一個可以提醒自己，在逆境中你還是可以取得勝利的絕佳方式。下面是我最喜愛的兩個句子……

1. 我不知道這要怎麼做。
2. 但我可以搞定它。

學會在合理的範圍內，在你的跑道之外冒一點險，這將會是你所能習得的技能中，最棒的一個。而且我們所有人都可以學得會。

> 一直堅守著自己確定的事，會讓你一直裹足不前。試著去冒一點險，離開你的跑道，建立一些新技能。

個人的掌控感

稍微有點名氣的福利之一就是，我會遇到許多成功的創業家，但我也認識很多常常失敗的人，他們失敗的頻率高到看起來彷彿是故意要失敗的。如果一定要我挑區分出成功和失敗的一個決定性特質，我會說是運氣。

但如果要我選出**兩個**決定性特質的話，另一個就會是掌控感。成功人士，以及那些終有一天會成功的人，似乎都堅信他們可以透過行動來掌控命運的方向盤。無論他們的想法正確與否，這就是贏家的心態。自認可以控制自身處境之人，會更努力地去這麼做。

二〇一三年，我的書《如何能幾乎做什麼都失敗卻還是大獲全勝》（*How to Fail at Almost Everything and Still Win Big*）出版，二〇一四年時，我收到了來自讀者們的訊息。他們告訴我，他們是如何以書裡的小撇步大幅改善了他們的事業、健康，以及個人生活。那本書教讀者們如何打造出一套簡單的、增加成功機率的、有系統的方法。顯然對於實際嘗試過的人來說，那本書造成了強烈的影響。那本書最重要的地方，或許在於它改變了人們的思維，從想知道如何在一個絕大部分取決於運氣的世界裡取得成功，變成是採用一個由習慣推動的系統；在這樣的系統中，你會進化、運氣會變好。當你每天都花一點時間做一些有生產力的事，不管是學習某些有用的事物、或是運動，那麼你對於自己身處的現實，就

會多一份掌控感。這份掌控感可以同時產生動力與滿足感，這對於你繼續推進有成效的事會有所幫助。

而位於另一個極端，那些持續失敗的人通常會認為自己是人生的被害者，雖然被害狀態中的細節可能有所不同。你想想看，自己認識的那些做每件事都會遲到的人，他們會說是自己的錯嗎？有時候會，但通常他們都會告訴你路上很塞、不然就是有什麼超乎他們所能控制的事情突然冒出來。

現在，去跟不管在什麼情況下都會提早五分鐘到的人聊聊吧！這群人相信時間表上大約有百分之九十的事情都在自己的掌控中，而如此的信念，強烈地預示了他們的成功。

你可以捫心自問，是什麼讓你無法達成人生中的目標？藉此釐清自己屬於哪一種人。你想到的第一個答案是與你自身的努力有關嗎？還是你立刻想到人生在你的道路上放置的阻礙？即便你知道很多時候成功與否取決於運氣，卻還是對事情的成果負起全責的話，這就是富裕人士的思考方式。如果你怪罪一些你無法直接掌控的事物，可能就是在進行輸家思維，而這點會反映在你的成果上。

現在，讓我直接與想要在人生中取得成功，卻又「以窮人的方式思考」的人談談吧，我的意思是，你並不認為自己是你生命中所經歷的那些事的始作俑者。這得從改變心態開始。如果你不先調整這種心理狀態，就甭期待你做的哪件事會成功。我認為幾乎每位成功人士都會在這點上贊同我：首先，心態要對，其他所有事情都得仰賴這一點。

要學會如何以富人的方式來思考，有一個簡單的方法，就是開始閱讀這類型的書籍。在通往這條路上，你的第一個小小步伐就是去購買一本或幾本這主題的書，把它們放在家裡或是你的數位裝置裡，待你準備好，就可以開始消化這些書。不要惦著讀完一整本書這件事（這可能會感覺很難），去想著**購買**一本書這件事，這可以是非常簡單的、只要在線上按下購買的按鈕就完成了；一旦你擁有了那本書，以一次一頁或是一章節的方式去閱讀和思考。把書放在你的浴室，如果這麼做有幫助的話。如果是電子書的話，把它存進你的手機裡，然後養成一個習慣，每當你在排隊時就讀個一章，一小步一小步地前進。如果你喜歡你在第一本書裡所學到的內容，就重複實踐它。關於如何擁有通往成功的正確心態這主題，市面上有很多超級有用的書。

　　作為啟蒙書，如果你讓我為了實用性將謙遜暫且先擱在一邊的話，我會推薦一本我自己的書：《如何能幾乎做什麼都失敗卻還是大獲全勝》。讀過這本書的人持續地向我回饋，稱這本書改善了他們的情緒控制，並藉此改善了他們的生活。不過你無須相信本書作者的老王賣瓜，只要去讀讀消費者的評價，並忽略那些因為某些不相關的事而生我氣的人就好。這本書的主旨在於，如何把通往成功的途徑，想成是一套具有系統性的方法，而非一連串需要達成的目標。

　　這種讓自己擁有正確心態類別的書裡，其他重要且值得注意的作者有托尼・羅賓斯（Tony Robbins）、提摩西・費里斯（Tim Ferriss）、詹姆斯・阿爾提徹爾（James

Altucher）、賽斯・高汀（Seth Godin）和邁克・切諾維奇（Mike Cernovich）。他們寫的書，任何一本我都很推薦。

> 你可以透過啃書、讀部落格文章以及收聽播客（Podcast），學到如何以富人的方式來思考。如果這類型的閱讀並非你所擅長之事，就讓它變成你擅長的事吧。一小步一小步慢慢來。

謙 遜 與 測 試

自信心是個值得擁有的特質，除非你經常出錯。在這種情況下，你會有兩個不利之處：你是錯的，而且你是個過於自信又自大的混蛋。這形象可不大好。

如果你剛好是個人類——我很多讀者都剛好是人類——你在各式各樣的事情上出的錯，會比自己所承認與記得的多得多。顯然，跟你認識的其他人比起來，你出錯的頻率可沒有他們那麼高，其他人根本是場悲劇。我想我們都同意這點。但是，即便你跟他們比起來實在優秀太多，但是在理解世界方面，你可能還是有一些盲點。

大自然對我們已經夠仁慈了，給予我們這個不完美的大腦，如此一來，當我們自信滿滿地認為自己一定是對的，卻在之後發現自己錯得離譜時，我們的大腦大多數的時候都會

將這個狀況輕易地遺忘。我很慶幸大自然給了我們這種健忘症，讓我們可以在經常性的錯誤中不至於自尊掃地。如果我們知道自己有多常在理解事情上出錯的話，一定會讓我們飽受打擊、變得消極。而如果我們變得消極，通往進步的門就會比冰暴來襲時，蚊子的吸管[2]關得還要更緊。

我在寫這個章節時，正在推特上跟對於氣候變遷持懷疑論的人士辯論。他們狂熱地相信氣候科學家在研究全球暖化時，忽略了太陽活動所帶來的影響。我不認為你需要成為氣候專家才知道以研究氣候為生的人，不會忘記那個**要命的太陽**。相信他們忘記太陽的影響，就跟相信正在研究寵物對雇主健康影響的人，忘記要把狗考慮進去一樣。氣候科學家已經把太陽對全球暖化各個面向的影響都考慮進去了，我對於這一點的堅信不移，跟堅持氣候科學家沒考慮太陽的懷疑論者的信誓旦旦，兩者程度是勢均力敵的狀態。對於任何複雜的情況，確信的程度並無法作為正確度有多高的好指標。針對這點的證據，你試著想想任何一個曾經跟你在某個議題上意見分歧的人就好。他們是如此的自信滿滿，就跟你一樣，而你們不可能兩方都是對的。

你可能會覺得我很誇張，人們沒有這麼常對於自己的意見充滿信心同時又錯得可笑，畢竟，如果有這麼多的人類錯誤，怎麼可能創造出我們當今的世界？

2　作者注：我想蚊子的那個東西是個吸管，也可能是喙，或是鼻子，我對於蟲子不太了解。

幸運的是，科學方法比起人類的信心可靠得多，而且具有相當高的容錯率，只要有**某些**事情最後是正確的就行。大部分的實驗都會失敗。許多已發表的科學論文最後都是錯的，或至少是有缺陷的。然而在整個科學界中，你只需要很低的正確率，就足以推進整個社會往前。只要科學在有些時候是對的，並且留下了一些好東西，那麼科學錯了多少次就不重要了。用運動術語來說的話，沒人在乎有多少魚是你**沒抓到的**；人們只在乎你抓到的那些魚（除非他們在評量你抓魚的效率有多高，這就是不同的主題了）。

資本主義在這方面跟科學和釣魚兩者都很相似，它有很大一部分儼然就是一部失敗製造機，例如，大部分的新創會失敗，還有大部分的公司最後因為某種原因都會關門大吉。可是，當各式各樣的失敗在發生的時候，員工拿到薪水，賣家在向那些會倒但還沒倒的企業販售商品和服務，經濟兀自突飛猛進。經濟要興盛，只需要很小一部分的公司成功就行了。[①]

你可能傾向認為成功的公司都有著聰明的創辦人，可以清楚地理解這個世界，而正是這樣的一組技能替他們帶來成功，然而事實是，創業家都是根據資訊在進行猜測，並說服自己在某種程度上相信一些與事實不符的事。人們抗拒機率，因為他們不相信機率適用於他們的狀況。這種非理性的存在是件好事，否則人們就不會去冒險，經濟則會支離破碎。

出錯的同時卻又自信滿滿，這句話相當適切地描述了人類的狀態。我們之所以會如此，原因並不難理解。世界是個

複雜的地方，很難預測接下來會發生什麼事；然而，我們持續的錯誤跟這件事有關。不管事大事小，我們始終不停地被迫要去對未來做出預測，否則我們就會不知道在特定的時間點該做些什麼。在簡單的事情上，我們可以做出正確判斷，像是如果吃了蝴蝶結餅，我們會口渴並想喝個飲料；但遇到大型、複雜、長期的預測時，我們並沒有做這種預測時必須具備的特異功能，也就沒有辦法知道未來究竟會如何。我們也無法要自己不去以為自己**真的**知道事情最終會怎麼發展，我也不例外，你當然也不例外。

如果我們假設，人類的進化是為了讓我們擁有那些有助於我們生存下去的特質，那麼我們非理性的自信心就很合理。在我們的世界中，有所行動比起毫無作為更容易獲得回報，至少平均而言是如此。試著開過十家新創公司的創業家，至少有一家會壯大的機會還算大；但什麼也不嘗試的人不可能成功。有一個大體通用的規則，就是運氣是人要自己去找來的，運氣不會去找人；有所行動和滿滿的幹勁會吸引到好運氣，好運勢是不會自己跑來沙發上找你的。

出錯的同時自信滿滿有個很大的缺點，就是我們會在腦海裡建造一個人工的世界，而這個世界是建築在錯誤的理解上。我們自信有能力可以辨識出哪些新聞報導是真的、哪些不是；我們自信知道怎麼做可以招募到好員工；我們自信科學研究會告訴我們有用的資訊，直到新的研究無法證實那些我們以為自己知道的事情；我們自信結婚對象會永遠愛著我們；我們大部分的人對於自己在宗教方面的意見也都充滿自

信，認為自己是對的，其他所有在宗教上持不同意見的人則都錯了。如果你是個投資人，可能會有這種時刻，就是你很確定自己可以看透未來，至少是你投資的那些公司的未來。但是這樣的信心一般來說都沒有事實基礎。

當我們把對於各個議題的非理性信心和人類大錯特錯的能力兩相結合時，結果就是擁有這樣一個文明，在這個文明裡，大眾都替自己設計了一座精緻的精神監獄。我們都各自活在自己製造的現實裡，在這種虛擬實境裡，我們都知道自己那個版本的事件既正確又恰到好處，而不同意我們的人，顯然都很可悲、無知又脆弱。有些時候我們會替他們感到抱歉。

大部分時候，誰對誰錯並不重要。我可能經商失敗耳根子又軟，老是聽信一個接著一個的陰謀論，與此同時，你可能做了一個失敗的科學實驗，而你的婚姻也同樣失敗了。然而，儘管我們有這麼多的錯誤，我們仍然可以吃飯、睡覺、生養後代。看來，大自然並不在乎我們是否聰明。以我們作為一個物種的生存來看，只要有些人、在某些地方、偶爾做了對的事情就行了。而假如那項成功全然是運氣，還是會推動社會進步。

即便是面對不確定性，一般來說，與其按兵不動，不如起身行動，這會是個過生活的好方法。這個世界會給予活力與幹勁回報，即便是失敗也會有所回報，失敗會讓你學到寶貴的一課，並且擴大你的人際網絡。

　　有一種形式的輸家思維是，對於自己的正確性與估量未來的能力過度自信。另一種輸家思維的形式則是，在行動前浪費太多時間建立信心去相信自己的世界觀。人生看起來彷彿只有兩種選擇——要嘛做點什麼，要嘛什麼也不做——而兩條路的失敗率都很高，那我們要怎麼辦？

　　要解決這個兩難的狀況，我從科學領域、商業管理以及創業精神，借鑑更好的思考方式，而這些思考方式會給你答案。答案會像這樣：

> 想辦法去小規模地驗證你的假設，這樣就不會有人受到傷害。

　　你們當中有我剛剛提到的這些領域背景的人，會反射性地想到在大興土木之前先做小型測試。但是廣大的民眾大部分都沒有這些領域的學習和養成，對他們來說，輸家思維就是他們腦中預設的那個方法，因為他們從來沒學過其他的方

法。他們要嘛是魯莽地、不顧後果地直接把事情搞大（不切實際的信心），不然就是會比較喜歡乾脆什麼也不做（因無所作為而失敗）。如果這句話在你身上也適用，那麼我剛剛已經替你做好修正了；你只需要接觸到一個概念，在投入某件大事之前，先進行小規模測試就行了。為什麼這麼做有道理，答案顯而易見，至少在實際可行的時候是這樣。

下一次，當你發現自己身處一項討論之中，事關某個龐大計畫的進行，請捫心自問這個點子可以如何先進行小規模測試；其他的選項都是輸家思維。

用經濟學家的
方法思考

金錢的影響力

　　我在青少年時期的時候，會去觀察周圍的世界，卻經常搞不懂為什麼人們會做出那些行為。這是在我得知人類基本上就是不理性的生物之前，而無論是在我觀察到的事實中、還是親身經歷中，有一件事我很確定，就是金錢能激勵人。當時的我是這麼想的，如果我可以了解經濟學領域的話，在理解我所身處的這個世界時，就會擁有很大的優勢。當我要上大學時，我選了經濟學作為主修。在邁入三十歲前的最後幾年，我回到學校的夜間部，並在加州大學柏克萊分校的哈斯商學院（Haas School）取得商業管理碩士（MBA），這兩段學習經驗都證實了我當初的假設：了解經濟學會讓人更深入了解世界。

　　例如，我利用我對經濟學的理解避免被開超速罰單。警政部門跟任何其他的組織都一樣，預算和資源有限。因此我認為他們已經弄清楚，要怎樣才能用他們手上擁有的錢，創造出最大的執法效益，這樣子的假設相當合理。打個比方來說，意思就是別把資源浪費在星期天早上六點開超速罰單這件事上。把資源部署在交通流量這麼低的時段在經濟學上就是很不合理的一件事。開罰單的其中一個效益就是其他的駕駛人會看到，如果你在空蕩無人的高速公路上，只有一名駕駛和一位警察的話，就失去這種效益了。

　　況且在這種不尋常的時段，可能也比較難找到願意出勤的執法人員；基於供需考量，甚至可能還得付他們更多的薪

資。就像幾乎所有會開車的駕駛，我有時候也會超速，但是我運用我的經濟學知識來預測在資源和預算有限的狀況下，警察會在什麼時候、在哪裡設檢查哨。顯然，我的方法不是百分之百有效，但是你去觀察週間離峰時間，看到檢查哨的頻率是多麼微乎其微。然後，請不要危險駕駛。

> 對於經濟學具基本認識，會讓你得以做到別人無法做到的「未卜先知」。

有時候不懂經濟學的人會告訴我，他們想要購入房產並將其出租，當包租公包租婆。在絲毫沒有做任何研究的狀況下，我很有信心地告訴他們，這樣的機會在我的國家並不存在。我用經濟學做出的推論是，這些房產一釋出（而這個狀況本身也相當罕見），不動產經紀人就會立刻下手，因此一般民眾不會看到這些房產。我是怎麼知道的？如果你懂經濟學的話，這點再明顯不過了。我也做過計算，證實了這樣的機會在任何一般情況下都不存在。但如果你去跟有經驗的不動產經紀人聊聊，他們很有可能有一些用來出租的房產。他們買入的都是些你連看都沒機會看到的物件。如果那些房產具有確定的現金流收入，為什麼那些早在一般民眾之前就看到這些物件的經紀人不會自己先買下來？他們會，也的確這麼做了，正如同我所認為的那樣。從一開始，我在商業和經濟方面的知識就讓這件事變得對我來說顯而易見。當你懂得

金錢的世界，又了解人類天性的話，感覺就像是你可以未卜先知一樣。

> 懂經濟學的人會比較容易認出哪些是騙局，因為金錢驅動人類的行為是可預測的。

我曾經與一位專業的財務顧問聊過，他專門向客戶推薦管理型股票基金。他所推薦的那些基金所屬的公司會支付他佣金，讓他推薦他們公司的基金產品。換言之，他的客戶拿到的並不是他個人的建議，他們被人詎了。他的客戶們每年都會拿出投資組合中的百分之一給他，讓他把這筆錢投入另一支基金，這支基金同樣會收取管理費，而這些費用均未增加價值。我問他把自己的錢放在哪兒，他大笑著說放在非管理型指數基金裡，這種基金是人人可買的，也不用付費請專家來推薦。我早已料到會聽到什麼樣的答案，因為我了解人類的天性，對投資也有足夠的了解，也知道專家們是怎麼樣盡可能地賺到錢。

在財務顧問的這個例子裡，儘管有人可以提出說，這根本不應該是合法的行為，但是這個財務顧問所做的每一件事都合法。人生最永恆不變的法則之一就是，每當同時出現下列這組變因，那麼出現不當行為的機率幾乎是百分之百：

1. 可以從不當行為中賺到錢
2. 被發現的機率很低
3. 有許多人參與其中

當你有如此的設定時，認為犯罪會恣意橫生也就十分合理了。不幸的是，我剛剛描述的是金融世界絕大部分的狀況。試想，以內線交易為例好了，如果你做的方式很蠢，就可能被抓；但是有太多方法可以避免被查到，潛在獲益又很大，然後很多人都可以取得內部資訊，而且足夠肯定。內線交易因而成了很常見的犯罪。

要遊走在這樣一個專家很常都是騙子的世界裡，最好的防身之計就是，有選擇的話，就去尋求其他的意見。真正的專家們很可能會給出相似的意見，或至少是同質的意見；騙子比較有可能是獨立作業，意思就是任意的兩個騙子可能會給你不同的建議。如果你對於金錢的影響力保有警戒，就比較容易辨認出誰是騙子。

當專家會受金錢的誘因影響並有可能誤導你，而他本身卻幾乎不用承擔任何風險時，你就要保持懷疑的態度。

為 達 目 的 ， 不 擇 手 段

　　經濟學家學過，在面對不同的替代方案和選項時，要如何理性地進行比較；一般大眾並未具備這種技能，而且這點是看得出來的。例如，大眾常常問我，在各種類型的議題上，通常是在政治方面，是否可以為達目的，不擇手段？你可能已經在社群媒體上看過這個問題了，也很可能聽權威級的人士如此說過。這個問題的企圖是想在辯論開始前，就取得勝利，這是個高明的文字遊戲，如果你仍堅持原本的意見，就會被描繪成是不道德的。

　　還有另一個類似的陷阱題：「你還在虐待你的伴侶嗎？」這個問題並沒有正確答案，如果你回答是，你是個家暴分子；如果你回答否，則是承認自己曾經是個家暴分子。

　　當有人問你，是否可以為達目的，不擇手段的時候，想要表達的是，自己是這段對話中居於道德的那方，同時還會陷害你，讓你成為一隻卑鄙的黃鼠狼。不要回答這個陷阱題，而是在回答前，將這個問題重新塑造過：**我想你的意思是：效益是否大於成本**？

　　在重塑這個問題之後，你要去進行解釋，告訴對方一個好的決策者會考慮所有相關成本和全部的收益，道德和倫理上的考量也包含在其中。我們活在一個重視社會性的世界裡，而在這其中，道德和倫理是很重要的，這關乎我們的自我感受，以及自己在世界中的定位；同時在更實際的面向上，意謂你可能會樹立一個壞榜樣、開一個糟糕的先例，或

是造成一些你並不樂見的問題。這些所有的考量，都是成本─效益分析的一部分。

我剛剛向你描述了一個可以禮貌回應「為達目的，不擇手段」這個問題的方法。還有個搞笑的版本是這樣的：「我的決定裡，涵蓋所有對於成本和收益的考量，包括道德和倫理的問題。**你呢？你會怎麼做？**」

假設我問你，如果你對恐怖分子說一個謊，就可以阻止一場恐怖攻擊。你會不會去說這個謊？說謊一般而言是不道德的，但在這個特定的案例裡，收益顯然是壓倒性地大於成本。

另外一個極端狀況，假設我因為不喜歡某人的髮型，而想要開槍射殺他。幾乎所有正在讀這本書的人都會認為，這在法律、實務或是道德等各個重要的層面上，成本都遠高於效益。當人們考慮到一項決策裡全部的成本和全部的收益，包括倫理／道德方面的考量，即便我們可能對於結論有異議，但是不會反對這個決策形成的過程。受過專業訓練的經濟學家就會知道決策時，要把所有的因素都考慮進去。很多民眾則傾向於不理會自己不喜歡的部分。

如果你重塑了「為達目的，不擇手段」這個問題，變成一個收支是否平衡的問題，那麼，你可以預見你這個遊說內容的受眾，會用一些跟希特勒／殺人犯有關的類比來回應你，而在這些狀況中，不管從任何方面來看，效益都沒有大於成本。要回應一個糟糕的類比最好的方法就是，不去回應那些類比的問題，因為情況在根本上有著很大的不同。但你

總是會很樂意去回應那些跟你所談的主題相關的成本和效益問題。

> 如果你是根據「為達目的，不擇手段」的方式來思考，而不是「成本跟收益相比」，那麼你就是採信了輸家思維。

該 如 何 進 行 比 較 ？

　　如同我之前所提，我大學時主修的是經濟學；接著我繼續深造，拿到 MBA。這些大學裡的課程教會我一件事——當然還有其他許多的事情——就是如何在各個選項和替代方案之間進行比較。如果你並未學過這項技巧，並且錯以為這是「基本常識」，那麼，你在生活的很多面向上，都將居於非常不利的劣勢，從你的事業到你在政治上的意見都是。

　　在醫藥專業中也學過如何進行比較，例如**鑑別診斷**就是

要比較病人患有某種疾病，而不是其他疾病的可能性，接著選出一個最能平衡風險和可能成效的治療方案。

　　工程師以及其他專業人士也學過如何理性地對多個選項做出比較。當我面對來自這些領域的人時，我發現我們講的是同一種語言，我們通常都可以跟著一條由事實所鋪設出來的道路，一路從假設走到結論。而當我們意見分歧的時候，我們可以輕易辨識出是哪個變因或假設，造成了這樣的不同，這讓我們得以更深入到意見分歧的源頭，去看看我們能否找到一個彼此都合意的共同點。

　　經濟學家之間的辯論：

經濟學家 1：這個分析具有誤導性，因為有一個更有力的方案沒被考慮進去。

經濟學家 2：什麼更有力的方案？

經濟學家 1：這裡有個連結，裡面有這個方案的描述。

經濟學家 2：我懂你的意思了，你說得對。

　　你看看這有多文明？將這種交流與兩個非經濟學家在爭論相同的話題進行比較。

　　非經濟學家之間的辯論：

1 號人士：那個想法很蠢。

2 號人士：為什麼？

1 號人士：嗯，首先，你是個全球主義者，為了讓樹木有一個更安全的環境而想要毀滅世界。

2 號人士：我是共和黨的。

1 號人士：我是在說種族歧視者。

為了效果，我稍微誇張了一點，但是我的經驗是，跟懂經濟學的人辯論，即便最後仍舊意見分歧，依然是一場文明的相遇。而且兩個經濟學家可能會把意見分歧的那一點——比方說某個尚有爭議的事實——獨立出來，然後再進一步好好研究那個事實。非經濟學家通常都是往另一個方向行進。

很明顯有些非經濟學家的人也學過如何理性地進行比較。我預期在科學、科技和商業領域裡，有最多這樣的人；相反地，那些主修藝術類學科的人，可能不會花很多時間在學習如何縝密地比較不同方案。

那麼那些人口中百分之九十、沒學過比較這門藝術的人會怎麼樣呢？在我的經驗裡，他們會以為自己**的確**具備這項技能，但與此同時，我所觀察到的事實卻是相反的。

一個人用來進行比較所需的技能在某種意義上，跟其他所有人類的技能很類似，需要有人正確地教導，學習之後需要長時間的練習，如此一來，就會表現得比那些三分鐘熱度的人更好。學習一項新技能，並反覆練習，這是一套有系統的方法，這對於所有你說得出來的才能來說，幾乎都適用。

在大部分其他類型的技能上來說，比起受過專業訓練的人，我們的能力是非常有限的，而我們自己也很清楚這一

點。舉例來說，我知道自己不應該跟空手道黑帶的人打架；我知道我不該跟專業的統計學家進行統計學上的爭論。但如果我並沒有受過正式的「進行比較」的訓練，我可能甚至不會知道這算是一項可以改善的技能；而如果我不知道這是一項可以被習得的技能，我可能會認為自己已經做得相當不錯了，這種盲點可能會變成你精神監獄中的另外一面牆。

為了讓你能夠加速學會做比較的方法，我會說一些基礎的概念。你可能會發現，即便你從未正式受過做決策的訓練，我接下來要講的東西你都已經懂了。但是我想跟你提一點，就算你看得懂樂譜，並且知道鋼琴上哪個鍵對應哪個音，也不代表你就是音樂家。音樂，就像決策一樣，需要透過縝密的方式反覆地練習多年，才能夠不假思索、自然而然地做出反應。

》 缺乏比較的對象

一般而言，我可以辨識得出哪些民眾沒受過決策的相關訓練，方法是看他們如何評量總統的工作表現。對於一般市民而言，說一位總統做得很好或是很差，是很常見的一件事。但是……跟誰比呢？

沒有任何對照實驗，有辦法將真實的總統跟其他某位總統放在一起，讓他們在同樣的時間、同樣的條件下、做同樣的工作。沒有這樣子的比較，你就無法真正分辨出該總統所帶來的影響有多大，如果你不知道其他任何一位總統在一樣

的條件下，表現會如何，那麼對於該特定總統的表現，你其實是一無所知。你無法分辨好與壞的表現有什麼區別，但你大概會以為自己可以做到。

二〇一七年，輿論和民眾都在爭辯川普總統在處理波多黎各瑪莉亞颶風（Hurricane Maria）的緊急事件上，表現得好不好。你會看到在這項議題上，兩方都有很強烈的意見，這在政治裡很常見。這個事件裡有一個不那麼典型的情況，就是兩方人馬都處於非常不理性的狀態，但他們都不自知。

原因如下：

學過怎麼做決策的人就會懂得，你是無法對於單一個別事件做出評估的。要知道川普總統面對波多黎各颶風問題，處理得好不好，唯一的方法就是把同一時間在平行世界裡的總統，處理他們那邊波多黎各颶風問題的情形跟川普的做比較，其中所有的變因皆同，唯有總統不一樣。這種比較顯然是不可能做到的，因為我們只有一個總統、一個在二〇一七年席捲了波多黎各的瑪莉亞颶風，並且在幾個星期前，已經來過另外兩個大型颶風了，這使得聯邦緊急事務管理

署（FEMA）的緊急資源變得很緊繃。沒有任何理性的方法可以知道川普的行政管理做得好不好；你只能描述發生了什麼事，甚至這麼做都缺乏完整的脈絡。我料想到你會反駁這一點，我同意如果川普表現得明顯像是發瘋似的或是毫無成效，如此我們便會明確地知道他做錯了。但是在（感覺上）正常行為的範圍內，你無法明確知道其他總統是否會表現得更好。

舉例來說，你可以指出，有大批大批的瓶裝水，都沒有被送到需要水的人手上，但是你無法得知另一位總統是否會有不同的作為，成功配送這批水資源；並且，如果那個假想中的總統在運送瓶裝水上做得有聲有色，他或是她，會在其他的變因下也做得一樣好嗎？這一點無從得知。而這意謂著我們永遠無法明確知道跟其他某個總統在同樣狀況下可能的表現比起來，川普總統表現得怎麼樣。

也就是說，我認為當一個領導人在工作上使用了正確的工具，你是有辦法辨認出來的。例如，你可以辨識出領導人是否用了好的遊說技巧，但你永遠不會知道其他總統是否也會具備同樣的技能，並獲得更好的成果。

人們還會犯一個錯，就是不會去把提案跟相形之下第二好的替代方案進行比較，有時候最佳方案會有一些嚴重的問題，但是不會比次好方案的問題嚴重。如果你沒有清楚明晰地把你喜歡的那個方案，跟次好的替代方案進行比較，你的思考就不是理性的，但是感覺起來可能會很像是理性的。

如果你對於一個提案有強力的意見，但是並未把它跟第二好的替代方案兩相比較，那麼你就不是在進行一場理性的對話。

半主張

　　政治上最常見的錯誤決策，就是在重大決策中要嘛忽略了成本，要嘛忽略了收益。這可能包括支持一個，如果是免費的話就相當不錯的想法；但事實上納稅人是絕對不會支持的。這種決策上的缺失不只發生在某一個政治立場。兩方人馬按慣例只會看成本或者只看收益，端看議題而定。你幾乎不會看到政治權威去陳述某個提案裡頭的成本和效益，至少

他們絕對不會提供任何有用的細節。我認為他們應該是覺得省略決策中一半的內容更有說服力，也或許是在對剛剛轉投自家陣營的人傳教；但如果你想要說服的是對手的人馬，把一個計畫完整的成本和效益兩相比較，這麼做是會有所幫助的。否則，你的意見會被認為沒有可信度，而不可信的人通常無法改變別人的想法。

在某個議題上，忽略了一半（不是忽略成本，就是忽略收益）的這種行為，我稱之為半主張。

> 如果在你的主張中，只考量了計畫的效益或成本其中一項，那麼你可能正身處精神監獄當中。

金 錢 的 價 值

我們是否有能力做出正確的預測、找出正確途徑，這得要看我們的決策在短期以及在長期而言，可能的結果分別是什麼。雖然這一點相當顯而易見，但是民眾卻鮮少在討論像是政治這類重要話題時，考慮到完整的支出和完整的效益。

你很常會在政治的辯論當中看到，有一方表現得彷彿眼前才是最重要的，另一方則表現得彷彿未來才是最重要的。兩者都不是理性的立場。如果你沒有把現在和以後都考慮進去，或是你在辯論的時候，拒絕去正視現在或是逃避未來，

那麼你都不算是這場辯論中有效的那一方。

我有時候會把只注意眼前的人稱為用孩子的眼光看世界，例如：

孩子：我想要吃糖果。

家長：再過幾分鐘就要吃晚餐了。長期來看，食用健康的食物、避免垃圾食物和零食會比較好。

孩子：但是……我想要吃糖果，現在就要。

成人的看法則會是，現下可能要付出感到不開心的成本，但是長遠來看會是有益的。政壇中的那些擁護者會在他們討厭某個計畫時，把注意力聚焦在成本上；而當他們喜歡某個計畫時，則會聚焦在效益上，有在關注政治動向的人就會模仿這些擁護者，結果主張都不完整，只是半主張。

理想上來說，你會想把所做的決定中，所有的影響和衝擊都考慮進去，現在的和未來的都是。但是現在有一個未來沒有的特質，就是確定性。你通常可以自信滿滿地預測明天會發生什麼事，但是預測超過一年以後的事件就會變得有點曖昧了，這是個很不錯的經驗之談。如果是針對金融方面，對超過三年以後的事情所做出的預測，差不多等同幫機器人穿內褲一樣，真是非常實用呢！

以商業用語來說的話，對於預期會在未來獲得的金錢，你必須全部都先在心裡「貼現」，因為你未來收到的一美元價值比今天的半美元還低。直覺上來說，你知道今天拿到

一美元跟等待一年再拿到同樣的一美元比起來，你會比較偏好前者；如果你等到一年之後的話，中間可能會發生一些事情，讓你拿不到這一美元；而如果你今天就拿到那一美元，今天就可以拿去用了，不管是拿去花掉或是投資都好。說到錢，愈快就是愈好。

有個好用的經驗法則，可以用來做個快速的心算，假設每十年，你的年利潤平均有到百分之七的話，錢會增值成原本的兩倍。多元化股票投資組合，像是指數型基金，長時間下來的平均年利潤，可預期至少會是百分之七。這裡有一兆美元，如果今天你不拿去花而是拿去投資的話，看起來會像這樣：

```
 0 年——  $   1 兆美元
10 年——  $   2 兆美元
20 年——  $   4 兆美元
30 年——  $   8 兆美元
40 年——  $  16 兆美元
50 年——  $  32 兆美元
60 年——  $  64 兆美元
70 年——  $ 128 兆美元
80 年——  $ 256 兆美元
```

知道了今天的一美元，在未來的價值遠遠大於一美元，那這麼說好了，你還會不會選擇在今天花掉一兆美元，用來

處理氣候變遷問題，並讓下一個八十年內減少十兆美元的 GDP 損失？如果你不懂得把未來的錢貼現這個概念的話，你可能會認為花一兆，省十兆是筆划算的生意。但如果你知道未來收到一塊錢的價值比今天的一塊錢少，你可能就會問那個十兆元在這個八十年內是怎麼分布的。可是如果大部分的財政收益都發生在前面幾年，那麼的確可能是筆相對划算的生意，反之是在這個八十年的最後幾年的話，你可能需要算一下，看看未來省下的錢是否值得你今天花費一兆美元。

> 你今天擁有的一美元值一美元，但是你在未來可能得到的一美元，價值就不到一美元了。這還是在事情都按照預期中發展（這幾乎不會發生）的狀況下。

在商業世界裡，一個無法在兩到三年內回本的案子，一般來說都不是個好主意。但如果牽涉到不動產的話，可能就會有例外，因為房地產幾乎不會隨著時間而貶值，除非發生了一些不尋常的意外。如果你蓋了一座工廠，即便十年後生意倒了，建築物本身和土地可能還是會有些價值。

考 慮 到 替 代 方 案

延續氣候變遷的這個主題，根據大部分這個領域裡的科

學家所言，氣候變遷的風險不只是在金錢方面。真正的風險在於，過度的暖化會讓地球很大一部分區域變得無法居住。在這種情況下，萬一那一兆美元是拯救未來世界的唯一方法，你難道不會把一兆美元花掉嗎？這個說法是你在與氣候相關的風險上，最常會聽到的一個論點。哪怕我們只有很小的機會是真的在步入一個近乎滅亡的事件，難道我們不應該盡最大的努力和開銷，來把風險降至零嗎？

答案：這端視你還有哪些其他的地方需要用到錢。

如果氣候變遷是我們這個危險世界中唯一的風險，那麼沒錯，花錢——甚至是超支也行——把人類滅亡的機率降到零，這麼做就會很合理。但是我們活在一個危險的世界裡，充斥著許多致命性的風險。如果把那一兆美元投入一個小行星預警系統，上面裝載著核能導彈，可以讓我們及早發現小行星，將其打到軌道外，這麼做會不會對我們更有好處呢？另外像是全球性傳染病的風險、經濟災難的風險、網路戰和核能戰爭的風險又該怎麼辦？還有很多其他可能會摧毀地球上生命體的事物又該如何？基於風險—回報的原則，把錢用來促進經濟發展，好讓因貧窮死亡的人數在未來得以減少，會不會是更好的選擇？

我們用來處理氣候變遷的財務和技術能力，在十年後會比現在好得多，況且屆時，我們對於氣候暖化真正的風險和成本也會有更多的資訊。在這種狀況下，你會現在將所有的錢花在試圖解決氣候問題上，還是會持續開發更厲害的、可以用來解決氣候問題的科技並發展經濟，讓我們在十年內有

更多的選擇來應對氣候風險？

如同我常說的，人類在複雜的議題上，並非依據事實和原因做出決定。一般選民對如何應對氣候變遷的看法，都是由恐懼、情緒、團隊合作和其他非理性因素所驅動的。我們沒有能力去梳理為期幾十年來發生的複雜事件其中的風險和經濟因素。有鑑於我們資源有限，我們無法永無止境地投入金錢，去把人類滅絕的風險降到零。我們必須有智慧地選擇投入金錢的標的，而這會是個問題，因為我們並沒有一個充滿智慧的政府和一群睿智的人民。

> 如果你只有一個具有致命性的風險，那麼耗費鉅資，把這個風險降到零或許是合理的；但如果你得面對很多致命性的風險，把你的錢分配去處理數個不同的風險，可能更為合理。

困惑壟斷

多年前，我造了一個新詞：**困惑壟斷**（confusopoly），用來描述某種產業，在這種產業裡，削價競爭的狀況被消除了，方法是把產品和服務變得非常令人困惑，因此消費者無法判斷他們用錢換來什麼東西；最佳的例子就是保險類商品以及手機服務。大部分的消費者都無法分辨哪家公司提供的

方案最划算，因為他們無法在高度的複雜性中理出頭緒。如果你在網路上搜尋「困惑壟斷」的話，你會發現這個詞被全世界各地的經濟學家引用，甚至還有專屬的維基百科頁面。試想我們幾乎天天都會遇到的服務同意書裡頭複雜的條文，這還只是表面而已。像 Nest[1] 這樣的公司是各式各樣智慧裝置聚集的中心，而其中每家公司都有自己的隱私政策。《監控資本主義時代》一書的作者肖莎娜・祖博夫（Shoshana Zuboff）告訴我們，擁有 Nest 的人，至少需要讀過一千份不同的隱私合約，好確保你的 Nest① 裡的產品沒有包含任何不請自來的問題。

整體而言，這個世界變得愈來愈像是一場困惑壟斷。如果你在國際貿易合約、加密貨幣，或是其他上千個複雜議題中的任何一方面，持有堅定的立場，那麼你可能正在進行輸家思維。我這麼說是因為面對高度的複雜性，沒有人應該要是信心滿滿的。

你可能因為信任專家，才會如此確信。但是專家也無法看透高度的複雜性；至少不是經常有辦法看穿這種複雜性，你也不能因為前一位專家做到了，就相信下一位專家也做得到。歷史上，幾乎在所有的複雜事件上，專家幾乎都是錯的——至少有些專家是這樣的。

說句公道話，不管是什麼議題，至少會有一位專家是對

1　譯者注：Google 旗下子公司，主要販售結合智能的居家用品。

的。但你要怎麼事先就知道哪個專家會是對的？要做到這一點，你必須是非常了解這些特定專家的專家，而你大概沒有這樣的身分。

> 如果你發現自己在複雜的情況中有高度的確定感，你大概正在經歷輸家思維。

直 線 形 預 測

經濟學家花大把的時間試圖預測，如果世界上某一個或多個變因被稍微改動了一下，人們的錢會發生什麼事。假設所有變因皆不會有所變動，並以此去預測未來可能的樣貌，那麼你所做出的預測看起來就會跟這些很像：

「馬會留在這裡，但汽車不過就是一種新玩意，一種時尚。」
——密西根儲蓄銀行行長建議亨利‧福特（Henry Ford）的律師不要投資福特公司，一九〇三年[2]

「全世界影印機的潛在市場，再大也不過就五千台。」
—— IBM，對最終建立全錄（Xerox）的創辦人表示影印機的市場不夠大，不足以去生產，一九五九年[3]

「毫無道理有人會想在家裡擺一台電腦。」

——肯尼思・奧爾森（Ken Olsen），迪吉多電腦公司創辦人暨
主席，一九七七年[④]

「股市已經到達了一個看似永久的高點。」

——爾文・費雪（Irving Fisher），耶魯大學經濟學教授，
一九二九年[⑤]

「我們不喜歡他們的聲音，而且吉他音樂已快退流
行了。」

——迪卡唱片（Decca Records），拒絕披頭四時，
一九六二年[⑥]

　　要預測未來，有個很糟糕的方法，就是認定事情會一直照原本的方式進行。這個糟糕的方法同時也是最常見的方法，這是有道理的，因另一種選擇就是預測未來的「驚喜」，而這麼做很荒謬。如果我們預測得到驚喜的發生，那就不是驚喜了。

　　但是我們還是得進行預測，如此我們才能決定該怎麼行動，例如，我才剛剛做了一個長達四十年的財務推算，目的是要看看我現在可以花多少錢，但仍然會有舒適的退休生活。而在這個為期四十年的預測裡，我沒有把任何重要的社會變遷或是科技的改變給算進去；我沒有把這本書變成暢銷書的狀況算進去；我沒有把機器人、健康上的變化、戰爭、蕭條、外星人造訪、氣候變遷、我的新創公司的命運、我選

上總統的可能性，或是其他上千個變因給算進去，其中的任何一個都會讓我的未來變得完全無法預測。

而且這些是大型的潛在改變，或者至少是這些潛在改變的一個樣本。如果我稍微調整一下預期的投資收益，調整百分之零點五就好，我的財務未來就會是完全不同的樣貌；四十年下來，差異非常大，因此如果今天我是用較低的金額而非高的那個金額來做預測，採取的行動也會有所不同。

直線形預測告訴我們，人口會比食物供應增加得更快；相反的狀況發生了。直線形預測告訴我們，我們會把化石燃料用盡，但是我們一直找到新的資源。我們人類不擅長做預測，而有鑑於看到這些相反情況的發生，任何覺得我們有這種超能力的想法，純粹就是輸家思維。

直線形預測一般來說都是錯的，而且如果你根據這種預測來行動，會很危險；不過，也並非毫無用處。有時候直線形預測可以鼓勵人們去做出必要的改變，以免發生不好的後果。而且有時候你還可以排除一些可能發生的後果，這滿有用的。但是不要把**有用**跟**準確**搞混了。

當我在試著預測未來時，通常會去看我所謂的亞當理論（Adams Law），亦即災難會緩緩地發生（Slow-Moving Disasters）。它的概念是這樣的，每當我們人類看到某個很大的問題正朝著我們用慢動作的速度靠近，那麼我們有很大的機率會找到解決的方法。這就是為什麼我們還沒把食物吃光、或是用盡化石燃料，也是為什麼千禧蟲問題也還算簡單地就解決了。只要我們收到很多警告，在解決問題方面，就

算是面對非常巨大的問題，人類都聰明得令人吃驚。所以要把這點考量進你的預測裡。

我也喜歡去看看在某個議題上，有多少的創業能量投入其中。舉例來說，在個人電腦時代剛開始的時候，很難知道哪些公司會稱霸業界，取得支配產業的地位，但是不難知道，個人電腦會從此留在我們的生活中、不會消失。同樣地，我們發現有相當大的能量流入了區塊鏈科技，從這一點來看，你無法很清楚地知道任何特定產品或公司未來會如何，但是我們可以保守地預測區塊鏈還會持續存在好一陣子。一般來說，如果你在某個特定領域看到大量的能量投入，分散投入多家公司吧，就算玩家出現變更，該科技或是產業還是可能會持續存在下去。在預測一個並非直線前進的未來時，這一點會幫助你有更好的理解。

> 從長期的角度來看，直線形預測是輸家思維，因為歷史幾乎是不走直線的。

出自權威所言，但你不應該照單全收並如法炮製的事

有一個方式會讓我們不小心替自己建構一座精神監獄，就是模仿從權威那兒聽來的不理性論點。權威幾乎總是主張者，而非與之相反的客觀觀察者。如果你如法炮製了他們的論點，你就是離開了理性之域，轉而試圖遊說他人。如果你是為了要進行遊說，有意地照抄權威的說法，那可能還有道理；但如果你模仿權威的同時，還認為他們的意見是理性且毫無偏差的，那你就是在替自己打造一座小小的精神監獄。

在這個章節裡，我會向你們展示，如何避免複製權威所做的那些極為荒謬的「推理」，以及如何避免落入他們的文字陷阱裡。

道德對等

如果你沒有小孩，但是有養貓，那麼我建議你克制住言談間，認為小孩跟貓咪差不多重要的衝動，即使你真的這麼認為。千萬別做這種事：

> 友人：「我的小孩們會挑食，我快被逼瘋了。」
> 你：「我懂，我的貓只吃濕食。」

這會聽起來像是你覺得你的貓咪跟朋友的小孩，在意義與珍貴性上是對等的。而他們的確是對等的，但是你這樣說

一定會不讓你的朋友感受很不好，所以別這麼做。這邊有另外一個應該避免的例子：

友人：「我明天要開四重心臟繞道手術，我的醫生強烈建議我先更新我的遺囑。」
你：「我懂你的感覺。我為了弄掉額頭上的皺紋打過肉毒桿菌，超嚇人的。」

這是禮貌問題，請試著不要去把某人的癌症跟你的痘痘放在一起比較，或者是把某個人的家人死亡跟你冰箱裡過期的牛奶相提並論，這不是泯滅人性的犯罪行為，但就是不禮貌，而且幾乎沒什麼說服力。

如果你在某個議題上，替自己的那方辯護，方法是宣稱批評你的人是在做一種「道德對等」（Moral Eguivalency），那麼你可能正在進行沒營養的輸家思維。我們並不知道大眾是怎麼排定事情的先後順序，除非他們直接了當地告訴我們，而我們還是會懷疑他們說謊。

我還沒看過任何被指控在做「道德對等」的人也同意自己正在做這件事，而這代表「你在做道德對等」這個指控是基於某種假設，認為自己可以知曉某個陌生人在想些什麼。我們人類並不擅長讀心術，但是我們時常以為自己擁有這種魔法。

我最常看到的道德對等指控，是發生在人們無法替自己那方的意見做出辯護，卻又必須說一些聽起來很聰明的話。

例如，如果你在酒吧出言污辱了某個人，因此你被一名醉漢給殺害了，這兩個行為一般來說，在道德上並不對等，謀殺通常被認為比污辱更嚴重。但總之，兩方的表現都很糟是事實——有一方比另一方更糟。就科學層面而言，你可以指責兩個參與者在其中所扮演的角色都有錯，但是在政治或社群媒體層面上，任何有關「雙方都有錯」的發言會讓你淪為一些輸家思維式批評者的目標，他們會說你是「在做一種道德對等」，而你有可能並不在做這件事。

有一個通用的法則，當有人試圖進行道德對等，而你要求他們進一步說明，這個時候，他們會很樂意證實自己的確是在這麼做；但如果在談論道德對等的人只是一些權威人士，並且他們談論的對象並不是以這樣的方式在思考，那麼這些權威可能迷失在輸家思維裡了。不要跟他們一樣。

> 如果你指控某人正在做不恰當的道德對等，那麼你可能正在經歷輸家思維。

文 字 思 考

我們之中，每個人或多或少都會出錯，而當你批評某件事情錯了時，你的論點有可能非常中肯，尤其是當你使用了事實和邏輯。

但如果你發現自己將文字常見的意思給改組了，你可能就在進行那種我稱為**文字思考**、一種常見的輸家思維。文字思考是指全神貫注在文字的定義上，並以此方式試圖理解這個世界，或是在爭論中取勝。

　　例如：

擁護生命權的一方：墮胎就是謀殺！

擁護選擇權的一方：只有在墮胎是「違法」的時候，才是謀殺，而這麼做並不違法。

擁護生命權的一方：隨便你怎麼說，但殺害無辜的人類生命就是不道德的！

擁護選擇權的一方：在胚胎可以獨立存活之前，並不是「生命」。

擁護生命權的一方：從受孕的那一刻起，生命就形成了！

　　就這樣繼續下去。

　　在這個例子中，你可以看到，根本沒有任何真正的辯論在發生；只不過是單純就文字的定義爭論不休罷了。當一方偏好道德性，另一方則偏好允許女性擁有選擇個人最佳的健康狀態、生活方式以及經濟成果的自由時，真正的辯論是要在兩方之間找到政治平衡。如果你對墮胎做出一個誠實的論述，不管你是贊成還是反對墮胎，最後都會讓自己看起來像隻怪物，不同的只是取決於你的所在方，會是不一樣的怪物

罷了。因此很合理地，大部分的人都會退回到在這個議題上最安全的位置，也就是堅持個人對於字詞的定義應該足以決定國家的法律。

當事實和邏輯都站在他們這邊，並且他們覺得可以安全地談論這些事的時候，幾乎很少人會採用文字思考的方式。一般來說，我們喜歡強調自己最有力的論述，這就意謂著你把文字思考當作最後的手段。事實上，我知道自己在推特上就是用這種方式贏了一場辯論。當文字思考出現時，我就宣告勝利然後走開。我們來看看文字思考的一些例子。

≫ 「正常化」

在政治的討論中，你很常會聽到人們說，若把這樣或那樣的行為「正常化」（Normalizing），會很糟糕。這其中隱含的意思是，那個被討論的行為既反常又令人厭惡。但是「正常化」是一個很模糊且主觀的標準。正常化某件事情和單純進行一些你認為很合理的事情，這兩者之間有什麼差別？一件新事情發生的時候，要持續多久我們才會稱其為「正常化」？

我們永遠無法在何謂正常化上取得共識，甚或在正常化是好還是不好上取得一致的同意。舉例來說，你不會想要「正常化」現任總統對於輿論合法性所做出的批評，因為新聞自由是很基本的核心價值。但是這會讓你用先入為主的方式思考，你首先需要回答一個問題，就是新聞輿論是否已經越過合法性的那條線，並且推動某些人會稱之為假新聞的政

治宣傳，無論是左派還是右派的都一樣。如果媒體跨越了界線，在我看來，領導人指出這一點是完全合法且富有成效。另一方面，如果線**沒有**被越過，我們並不想要讓這件事變成一個既有習慣，在這個脈絡下，「**正常化**」會影響你不加批判地接受新聞輿論不該被批評這件事。這是文字思考的一個例子，其中「正常化」這個詞被拿來代替理智，文字本身並不是理智的，但是感覺起來很像是。

當人們有好的論述時，他們比較常會欣然地將他們思考後的成果展示給那些願意傾聽的人。但是當人們對於自己的觀點缺乏強力的論證時，他們有時候會比較喜歡跳到「不要正常化那個行為」這個階段，並表現得彷彿論證會自己出現一樣。

> 如果你對於別人的行為唯一的抱怨就是那可能會「正常化」某些事情，那麼你可能沒有任何理由可以支撐自己的主張。

≫ 「有問題的」

如果你不喜歡某人的計畫，但又沒有具體的反對意見，那麼你可能會傾向於給這個計畫貼上**有問題**的標籤。這個通用標籤讓你不必提供事實和理由來支持你的觀點。最棒的是，**有問題**這個詞聽起來很聰明，這給了你不勞而獲的信譽。

如果你試圖描述你所指的**有問題**是什麼，你可能聽起來會像這樣：「我沒有在你的計畫中發現明確的問題，但我覺得肯定有一些問題。」這是種會讓你被忽視或嘲笑的空洞意見。但如果你說這個計畫是有問題的，那麼你是在暗示，有某些幾乎是常識的理由，可以讓你預期到會發生問題，而聰明如你，當然可以知道問題所在。

　　讓我說得更清楚一點，關於未來某些不明確的問題發生的風險，你可能絕對正確。有些計畫真的很糟，要把每個可能出問題的地方都列出來得耗上一整天。這些情況的確是有問題，但是在這些案例裡，你也許可以描繪出事情可能會出問題的具體狀況。如果你能做的最好的就只是在某些東西上貼一個「有問題」的標籤，卻又無法提供一些聽起來合理的推測，確切說明事情可能會是怎樣，你就是在進行輸家思維。如同我所說過的，當邏輯和事實站在自己這邊的話，人們通常會展現他們的思考成果；沒有好論點的人則是用貼標籤的方式，彷彿那個沒被說出來的論點是顯而易見的，用這種方式來開脫。

　　試想一下言論自由這個議題。無論你多喜歡言論自由，你還是得同意，言論自由可能會導致一些問題。但是你可以輕易地列出可能會有哪些潛在問題。例如，你可能會說壞人將因此得以散播傷害性的思想；你可能會說有人會當眾撒謊，並毀了一些值得尊敬的人的名譽。如果你有辦法指出一些合理的潛在問題，就可以把這些總結為是「有問題的」；但如果你發現自己說某個計畫是「有問題的」，卻無法給出

聽起來合理的例子來支撐這種說法，那就是輸家思維。

> 如果你發現自己說某個計畫是「有問題的」。卻無法給
> 出聽起來合理的例子來支撐這種說法，那麼你可能正在
> 進行輸家思維。

虛 偽 的 辯 護

　　如果你是用「另外一方也這樣做」之類的說法來替自己
的觀點辯護，那麼你正在拋棄成人的框架而採用了兒童版的
框架，兒童會說：「我姊姊也這樣！」成人會說：「我犯了
個錯。這類型的錯誤太常見了，而針對此事我決定這樣做。」

　　拒絕承認自己的錯誤，或是你所屬團隊的錯，會讓你被
鎖在某種團隊運動的心態裡。那是一種精神監獄，會讓你看
起來像是個沒什麼分量的存在，也不會提升任何人的利益，
比起解決問題，你比較在意的是吵贏這場架。

　　為了要逃離這種精神監獄，你得承認自己的錯誤，並把
這項錯誤放回事件脈絡裡去檢視，並說明你打算怎麼做來修
正這個錯誤。如果你的團隊面對一項合理的指控，你最好的
回應卻是對方的人也是這麼做的，那麼你就是被鎖在輸家思
維裡。

> 如果你犯了一個錯，而你對此最佳的回應卻是，其他人也做過類似的事情，那麼你就是在進行輸家思維。

公平性

人類會演化出對公平的偏好，顯然是因為我們很少位居上風。但是就實務上來說，公平性是個不可能達成的標準，因為公平性是立場問題。我們距離公平最近的一個狀況就是，讓所有公民都一體適用地遵守同一部法律；在這個範圍之外，一般來說是無法達到公平性的，因為在我看起來很公平的事，在你看來可能就不那麼公平。

這麼說好了，例如你長得很高，而我很富有，這公平嗎？如果不公平的話，我們應該修正這個狀況嗎？人生就是這樣，你幾乎無法衡量什麼是公平的、什麼不是。而就算你有辦法可以衡量公平性，對於該看哪些面向以及需要衡量哪些東西，人們還是會眾說紛紜。

你經常聽到政治領袖們主張公平性，他們的工作是進行遊說，所以這是有道理的。政治人物都是他們選民的辯護人，不是去裁定公平與否的仲裁者。如果你的工作是遊說，主張公平性可能是個有效的方法，因為人類熱愛公平，聽到公平就會立刻彈起來。但是在日常生活中，公平是種假象，而抱怨缺乏公平性幾乎鮮少有成效。

如果公平性是一種假象，你可能會想知道，在這個事情最後應該如何收尾沒個標準的世界裡，怎麼有人有辦法成為領導者。出於實際上的考量，通常哪邊抱怨的聲音最小，事情最後就會落在那裡；這是我們所能追求的，最高程度的「公平」了。而有些時候，要達到穩定的狀態只能透過遊說，而不是透過事實和理性。

> 爭論公平性是一種輸家思維，因為公平性在任何兩個人的眼中，都是不一樣的。而當你是在試著進行遊說時則是例外。在這種狀況下，理性就沒那麼重要了。

如果你發現自己與某人在爭論，而他用的論點是公平性，那麼你就試著把層次拉高，說一些像是「討論公平性是小孩子的爭執」之類的語句。公平性不是一個有用的標準，因為一個講道理的成年人對於什麼東西是公平的，會眾說紛紜，你所能做到最好的就是，依據一些遊戲規則行事。

感 覺 一 樣

一個好的類比會是這樣的，像是奧托‧馮‧俾斯麥（Otto von Bismarck）那句名言：有兩樣東西的製造過程不應該見光：法律和香腸。這個比喻精闢地傳達出一個重點，就

是法律的制定是一件醜陋的事，如果公眾可以觀察到立法過程，就會對政府失去信心。在這個脈絡下，俾斯麥所做的只是用一個有記憶點的方式，跟我們解釋了一個新的概念。這是一個很好的比喻案例。

類比用得不好的例子，包括說你鄰居的貓，鼻子下方的斑紋很像希特勒的小鬍子，所以或許應該要有人在牠試圖侵略波蘭前，趕快讓牠長眠。如果這個例子在你聽來相當荒謬，那麼來想想我在寫這個章節時，在推特上看到的一則迷因。在一張川普總統的照片上方，這則迷因問道：「你知道還有誰也不相信媒體嗎？」照片下方的答案是：「列寧、史達林、希特勒、墨索里尼、卡斯楚、毛澤東、伊迪‧阿敏、波布、海珊、阿塞德、普丁、ISIS、博科聖地。」這則迷因基於至少在一個方面上，感覺起來很類似的情況，但那並不代表這些人物的其他所有面向都很相似。有大量的政治人物都會批評媒體，但很少人真的變成獨裁者，況且坦白說，當輿論已然越線、而且不僅僅是犯錯，而是赤裸裸地在進行擁護的時候，我認為你們大部分的人，都會寧願你們的領導者出聲批評媒體。

川普總統對於新聞媒體的批評，讓你產生了什麼樣的感覺，得取決於在你看來，這些媒體在報導他的時候有多精確。如果你認為媒體蓄意地做出很不精確的報導，甚至到了讓自家媒體失去效力的程度，那麼這時，對於媒體的任何批評都是有道理的，即便那些批評是來自總統也一樣；如果你認為媒體是在誠實地扮演著事實的仲介者，那麼你可能會認

為，批評新聞自由的輿論是獨裁者才會做的事。

前總統吉米・卡特（Jimmy Carter）是個沒有人會說他是獨裁者的總統。關於輿論對於川普的報導，他是這麼說的：「我認為媒體對待川普比對待其他任何所知曉的總統都還要更加嚴厲。我認為他們覺得自己可以毫不猶豫、肆意妄為地說川普精神錯亂，和其他很多別的事情。」①

我在寫這本書的時候，我注意到三位著名的民主黨員眼睛有一種相同的形態，分別是：亞歷山卓雅・奧卡席歐 - 科爾特茲、柯瑞・布克（Cory Booker）和亞當・希夫（Adam Schif）。出於幽默，我在推特上加了第四張圖（查爾斯・曼森，Charles Manson）。[1] 我現在不是要說這些傢伙的眼睛很像對於預測某些事情具有什麼前瞻性的價值，但是你可以看到，形態是如何具有說服力的，即便是它不該具備如此說服力的時候（見下頁圖）。當你同時看著這四張照片時，很難不反射性地認為，他們是不是都有點問題。

他們露出這樣的形態似乎在向你透露一些資訊，但事實卻不是如此時，就可能會形成精神監獄。這一組瞪大雙眼的照片充其量只透露出一個訊息，就是這四個人都至少有一次瞪大眼睛的時候被拍了下來。你可以在 Google 圖片上找到很多這幾個傢伙眼神相當正常的照片，所以我們只知道，有些時候他們的眼睛會比其他時候瞪得更大。這就是我們可以從

1　譯者注：美國連續殺人犯

史考特・亞當斯 ✔
@ScottAdmasSays

不必替他們感到擔心。

這些照片中得知的全部訊息了。但是人類大腦是台辨識形態的機器，而且效能不佳。我們會在巧合的事情上添加意義；或者是在這種狀況、一個製造出來的巧合上，賦予意義。我製造這個巧合的方法是，刻意不放其他那些數量更大的照片，在那些照片中，每個人的眼神都比我放上去的這張正常得多。

形態，以及經常使用形態的類比，是一種我稱之為**感覺起來一樣**的形式，意思是，人類會在很多事情上找到形態，而這些形態可能會讓你想到其他東西，但形態一般而言，也就只有這層意義了。如果你認為一個類比會讓你有辦法預測未來，那麼你可能正身處精神監獄之中。類比沒有這樣的力

量。要預測未來，去找因果關係，而不是形態。

如果你正在以因果關係為基礎，做短程的預測，那你看待世界的眼光可能是準確的；但如果你的預測只是基於形態，那麼你很可能是在精神監獄裡了，你的獄卒是那些試著用一些毫無意義的形態誆騙你的人。我就用了很像昆蟲眼睛的幾張照片，製造出了一個毫無意義的形態。你喜歡的那些新聞來源，幾乎天天都會故意製造假的形態，因為這會替那些無聊的新聞報導增色，使其變得有趣。

我常說在社群媒體上以及其他所有地方，類比對於遊說來說一點效果都沒有，類比也無助於預測接下來會發生的事，尤其是「歷史會重演」這種類型的類比。

類比在幽默方面倒是很好用，在描述新的概念時也相當方便。但是我會避免用類比來進行遊說或是做出預測，因為在這兩方面，類比並不好用。你遊說的對象會很容易在類比中找到你的弱點，因為它跟你們正在辯論的情況並非完全相同。就算你活到一百萬歲，你也不會看到任何人用類比去贏得辯論。

類比用得好（用來描述某件事情）：他的姿勢讓我想到通心粉。

類比用得不好（遊說和預測）：我們應該要解散美國的郵政服務，因為希特勒青年團也是從帥氣的制服開始的，而這就是事情發展的方向。

類比很不利於遊說，但更不利於用來預測。如果有人告訴你，有一頭公獅子看起來很像一隻淺棕色、有著大鬍子的家貓，這並無法讓你預期到，在家裡養頭獅子當寵物會是什麼樣的情況。

> 如果你發現你的最佳論點是，基於類比中存在一些具有預測性和勸說性的特徵，那麼你很可能身處在一座自己親手打造的精神監獄中。

阻 力

在政治方面的討論中，你很常會看到各黨支持者用二元的方式在談話——舉例來說，某個特定的方案能徹底阻止某件不好的事發生，又或是一點效果也沒有。但是在真實世界裡，大部分的時候，你力所能及的最佳狀況是創造一些阻力，讓那些你希望可以徹底停止的事情慢下來。

我在寫這頁內容的當下，美國正在爭論邊境圍牆（或稱圍欄）有沒有用。一邊的人說有用，另一邊的人說沒用，兩邊的立場都是一種輸家思維。看待這個情況一個比較有效的方式是，去看看這麼做是否替任何事情增加了阻力，並且減少了製造同樣程度的阻力所需消耗的人力。提高香菸稅會鼓勵一些人（但顯然不是全部的人）戒菸。在高速公路上增加

限速器會鼓勵很多人（但顯然不是全部的人）比他們之前開車時更遵守速限的規範。如果你的目標是，將非法移民的數量降到零，那麼使用圍牆和圍欄並不會讓你達成這個目標；但如果你的目標是要大量減少非法移民，一道切割邊境的牆，幾乎確定會在增加阻力方面產生很大的影響。你可以先搭個一小段，並觀測這一小座牆是怎麼改變人類的行為，來測試它會帶來多大的不同。我保證阻力的增加，會導致行為模式的改變，在移民的案例裡如此，在生活中的其他面向上幾乎也是如此。

在槍枝管制上，你也會看到二元的思考方式。批評槍枝管制的人會告訴你，不管合不合法，罪犯和瘋子還是會取得槍枝，因此或許守法的市民也需要槍枝來保護自己。這樣的立場，忽略了一個普遍的真理，即阻力會改變行為模式。槍枝管制當然無法改變那些作風強硬的藥頭的行為，但些許的阻力幾乎可說絕對會讓一些人打退堂鼓，讓他們不再囤積或許哪天會被用來做壞事的槍枝。

你是否曾注意到一件事，最近在美國並沒有發生任何使用全自動武器的大規模掃射事件？可以合理地做出一種假設，便是要進行這種大規模掃射案的槍手，會偏好使用那些對執行這件事來說，最好用的工具。然而我們觀察到一件事，他們幾乎總是將武器選購限縮在那些阻力較小的選項上，因為費用較低、文件作業也比較不會顯得太可疑。在美國，你是可以購買全自動武器的，但並非不用經過一些來自政府的阻力，如果這樣的阻力完全沒用，想當然耳，我們

應該會在更多的大型掃射案裡，看到有人使用全自動武器，因為那是最適合這項殘暴罪行的工具了。但是，我們看到的是，槍手會使用的武器是在取得時阻力最小的那種；事實上，在槍枝管制製造出阻力的同時，我們早已證實這麼做是「有用的」。

我是支持憲法第二條修正案的，我也有意識到槍枝管制這項議題不僅僅只是讓壞人無法取得槍枝，也關乎自由、自衛、運動，以及對某些人來說是一種保險，以免政府轉過身來對付人民。這些都是重要的議題。但是我們發現無論在哪方面，只要產生阻力就有效果，在槍枝管制方面也一樣。這個時候，說槍枝管制「行不通」並沒有多大用處。

> 在任何人類的選項中加上阻力，就會減少選擇該選項的人數，如果你不這麼認為，並且反其道而行，那就是一種輸家思維。

提 及 並 非 比 較

讓我跟你說說我在生活中很喜歡的一些事情。我很愛我的女友、美食、運動、有創意的點子、狗、貓還有世界和平。這個清單看起來沒什麼爭議，對吧？

但如果某個身處精神監獄的人看到這張清單，他們可能

會寫一篇刻薄的文章或推特，聲稱我「把我的女友跟狗拿來做比較」。

如果你發現自己在爭辯某人用你覺得很冒犯的方式在「比較」兩件事——但是所謂的比較是用條列形式進行的——那麼你可能身處輸家思維裡。有時候事物會出現在同一份列表清單，是因為在瑣碎地方有相似之處，我的日常採買清單上，同時有起司和衣物柔軟精，但這不代表我把起司和衣物柔軟精拿來比較。它們之間唯一相似處就是在同一家店購買，並沒有哪一方被拿來跟另一方做比較。

你可能會以為「比較」的問題幾乎不會發生。但如果你會收看政治新聞，你就會很常看到，它會在最糟的狀況下，以一種「逮到你了」的評論和形式出現；而在最好的狀況下，它也依舊是一種愚蠢的評論。讓我們區分出比較和提及之間的差異，並將這種行為稱為輸家思維，因為這樣子的作法，對任何人來說都沒有任何好處。

> 如果兩個或兩個以上的項目在同一段對話裡被提及，並不表示有任何人在比較它們之間的相對價值。

「自己的功課自己做」

權威人士以及那些在社群媒體上興風作浪的人很喜歡這

樣說，你若要形塑一個主張，並且是有所本的，「自己的功課自己做」是很重要的，這麼說是理性的嗎？有道理嗎？

有時候有。

二○○四年的時候，我失去了說話的能力。我的醫生無法找出病因，因此我用 Google 自己做了功課，最後找到了我這種症狀的名稱，痙攣性失語症──一種相當罕見的狀況，即當你試圖開口說話的時候，你的聲帶就會痙攣。打從知道這個病症的名稱開始，我就遍尋治療這類疾病的專家，然而他們告訴我，這無法治癒。我不喜歡這個答案，因此我繼續自己做功課，並且按圖索驥地找到了這個星球上唯一一位醫生；他開創了一套對大部分但並非全部的病患來說，有效的、新的手術療程。在繼續做了更多功課之後，其中包含去拜訪這位醫生，我決定進行這項手術，並且痊癒了。

從這個故事中，你可能得到的結論是「自己的功課自己做」是有用的，我同意在醫療保健方面，這點經常是對的。我也認為在法律、建築這些領域，以及其他生活中會遇到的狀況，做好自己的功課這點會有所幫助。

而「自己的功課自己做」**派不上用場**的領域包括任何隸屬於政治範疇的問題，並且這個問題是既龐大又複雜時，我會把氣候變遷、國家經濟政策、貿易談判和槍枝管制等，歸到這個類別裡。

在這幾個例子當中，你可以針對每一項盡情地做好功課，然而你會發現，支持正反兩方立場的研究和數據都有，而你又沒有能力判斷哪些資料才是可靠的。

> 對於龐大且複雜的政治問題而言,「自己的功課自己做」只是在浪費時間。

　　當那些對匿名者 Q 這場騙局的存在深信不疑的人,在推特上跟我爭執說匿名者 Q 是一個真正具有預測能力的內幕人士時,他們嚴厲地斥責我沒有「做好自己的功課」,因為這就是**他們**所做的。同一時間,不相信匿名者 Q 的人,傳了長長的、匿名者 Q 預測失敗的列舉清單,在 Google 上稍微搜尋一下,就可以輕鬆找到這些資料。在這個例子裡,哪一群人才是「做好了自己的功課」?我會說兩組都是。然而,這有用嗎?並沒有。不相信匿名者 Q 的人找到了與他們信念一致的證據,並宣布已經完成研究功課;相信的人也指出可支持他們相信匿名者 Q 這場騙局存在的證據,同樣宣布自己是功課做得最足、研究最深入的人。兩方皆基於「做好自己的功課」宣告自己的勝利。

　　我當然不反對研究,而且,如同我所說的,在很多狀況中,像是跟你的健康有關,做好你的功課可以對你日常的健康照護有所幫助。問題在於,在政治議題上「做好你的功課」通常會導致人們得出與最初的觀點一致的結論。確認偏誤看起來完全就像藉由自己做功課研究獲得的知識,舉凡碰到政治議題,或許宗教議題也是,我們人類就無法分辨理性主張和確認偏誤有何差別。但我們以為自己辨別得出來,這就是問題。

權威人士和網路酸民經常會暗示，他們有著較優越的意見，因為他們對於某個議題所做的功課和研究更為全面。有時候這些狂妄之徒說的，百分之百正確，但其他時候，他們則是在經歷確認偏誤，或者他們是在進行擁護而非理性論述，你可能無法分辨其中的差異。做好自己的功課通常都比**不做**功課來得好，但不要以為你能分辨出真正的知識和你自己的確認偏誤之間的區別。如果我們能在它發生時辨認出它，這種確認偏誤就不會存在了。

「做自己」

輸家思維最危險的形式之一是：人們應該要「做自己」或「忠於自己」──不管這到底是什麼意思。

這種思維方式認定你的心智就代表你這個人，而對此你也無計可施。你生來就具有特定的個性，無論好壞，你永遠都會是這樣的人。就這樣，結案。

我們的 DNA 的確在很大的程度上構成我們腦中的程式碼，然而，有一個更有成效地看待你人生經歷的方式是：**你的所作所為，決定你是誰。**而且你對於自己的所作所為，有決定性的管理權。換句話說，你可以藉由改變你的行為，來改變自己是誰。例如，學會得體的應對進退並且養成一種習慣，進而常常使用，這會讓你變成一個有禮貌的人，即便你並非「生來如此」。

有個你可以養成的最好的心理習慣之一，就是即便你並不覺得樂觀時，也要試著用正面態度思考。[2]例如，我在二十多歲時是個負面的人，但我並不知道，我以為我只是幽默地指出我身邊所有事情的缺失，我沒有意識到這對於必須聽到這些話的人有多大的傷害。我也沒有發現悲觀是如何影響我自己的幸福感。老是抱著負面的想法會讓你在社交生活、心理健康，甚至是事業成功上，付出昂貴的代價。出於各種好理由，人們都喜歡圍繞在正向的人身邊。

　　某天，有位朋友殘酷而誠實地（可能有酒精的介入）直接跟我點明，我實在太負面了，這點很討人厭。我聽到時很驚訝，我喋喋不休地抱怨每一件事情，而我最喜歡的人們竟然不愛聽！因此我開始改變這件事，用的是一個簡單的技巧，這個技巧是我從另一個朋友那裡借來的：如果我必須談到一些負面的事時，就用至少一個正面的想法來搭配。多年來我養成了這個習慣，以至於我現在如果對某件事——任何事——表達純粹的批評，而不加入一點健康的正能量來平衡的話，我就會覺得很不對勁。

　　我原本的輸家思維做法是，當下想抱怨就抱怨，我只是在實踐「做自己」的理論。在我一直抱怨個不停的那幾年，我並沒有意識到我的所作所為不停地在消磨著朋友、伴侶還有同事的正面感受。現在，我理解到我不僅可以選擇別人對我的看法，也可以選擇如何創造自己。如果不想當一個負面的人，我只要提醒自己盡可能地多想想事情的正面部分。當這麼做成了一種習慣，我也就變成了這樣的人，而我喜歡這個人。

> 當你可以透過有意識的行動，讓自己變得更好的時候，
> 千萬不要只是做自己。你的所作所為，會決定你是誰。

「懦夫！」

如果你稱某個人是懦夫，你可能沒有說什麼有用的話。我們在行動前都會先衡量成本和收益二者孰輕孰重，而恐懼是其中一個變因。

幾乎在每一次的恐怖攻擊或大規模掃射事件後，你都會看到政治人物和權威人士們明確地表示，那些罪大惡極的行兇者是「懦夫」。而這很荒謬。那些會為了某些原因——即便原因相當邪惡——犧牲自己性命的人，恰恰與懦夫相反。假如他們真的是懦夫便不會這麼做了。

在恐怖分子和大規模殺人犯身上貼上「懦夫」這類的標籤，除了表面上看起來很荒謬之外，問題在於，這麼做會轉移大眾的注意力，讓大眾無法專注在任何更深入且有用的分析上。

你：兇手為什麼要這麼做？

權威：因為他們是懦夫！就是懦夫沒錯！

你：我再去問問其他人好了。

> 當有些人為了某個理由冒險賭上性命，稱他是懦夫，是一種輸家思維。

「護航者！」以及類似的詞彙

如果我們在某個特定議題上意見一致，你可能會說我是個天才，因為我與你近乎神聖的智慧站在同一陣線；但如果我們意見分歧，無論你認為我支持的是什麼樣的罪惡，你都可能會因此想要在我身上貼上「護航者」的標籤。當標籤取代了理性論述的位置時，就無法取得任何進展。

當批評你的人有很強的論點時，他們會欣然將這些論點拿出來使用；但是當這些批評者的論點很弱時，他們通常會試圖幫你貼上標籤，並希望沒人會注意到他們論點的缺失。這是個常見的輸家思維式策略。**護航者**並不是唯一一個被用來迴避辯論的詞彙，你還會看到一些其他的標籤，像是**自戀狂、法西斯主義者、全球主義者、種族主義者**，還有**社會主義者**。

如果你的目的是要閃避真正的辯論，對著你的勁敵咆哮這些帶有輕視意味的標籤效果極佳。一個人並沒有任何社會義務，必須跟一個被歸類為下流又無用的對手進行辯論；但是逃避辯論不會改變任何事情，這樣並沒有在進行遊說，也不會讓世界變得更好。

> 如果你對於意見分歧的回應,是替你的對手貼上帶有輕視意味的標籤,那你已經從道德以及智識的高層次,掉進輸家思維裡,並深陷其中。

「你為什麼不早點這麼做?」

如果你曾經負責過某項工作或談過戀愛,就會知道別人如果要以某種方式抹煞你傑出的成就,搞得你好像又笨又懶,這件事有多麼容易了。全靠問一個問題即可:「你為什麼不早點這麼做?」這個問題沒有好的答案,即便你的理由完美,批評你的人仍會喜孜孜地告訴你,一個更好、更有效率的人就會更快做完,而且沒有人可以證明並非如此,就只有你和批評者的說法在互相對抗而已。因為在生活的驅使下,我們相信幾乎所有的事情都可以更快地完成。

「你為什麼不早點這麼做?」還有個邪惡的表親,就是這個問題:「你為什麼不早點**告訴我**?」同樣地,這問題沒有好答案,因為你總是可以早點打那通電話、早點傳那封訊息,或是早點**做些什麼**。世上沒有足夠快這回事。如果你稍微停頓、等待了一下,批評者就會認定一定有什麼邪惡的理由。你無法更快速地行動,這一點通常會被視為證明你人格有問題的鐵證。

如果有人做了你樂見之事,而且你讚美了那個人,你

就會鼓勵更多同類型的、好的行為繼續發生。人們喜歡被讚美與被認可，我們大部分的人都極力渴求這些。就我個人而言，如果我認為有人會為我喝采的話，我可能會去偷一部車。**要得到更多你所想要的，讚美是個有效的方法。**

反之亦然。如果有人做了某件你很欣賞的事，要摧毀那股動能最好的方法就是問他為什麼這件事沒有早點發生。這是在對良好的行為施加懲罰。而你應該要預期得到，任何人在受到這種輸家思維式的對待後，就比較不可能會在未來助你一臂之力。

> 如果有人做了一件你欣賞的事，問他為什麼沒有早點做，那就是輸家思維。

我從來沒找到一個好方法來回應「你為什麼不早點這麼做？」這個批評。我無法給你一個解決的方案，但是我建議你問批評的人，如果這是新的評斷標準的話，他們是否也願意根據這項標準接受評價？不要試著防守，直接進攻，指出這個標準既荒謬且行不通。這個方法改變任何想法的可能性是零，不過每當你的批評者成就了一些什麼的時候，你或許可以享受問他「你為什麼不早點這麼做？」的樂趣。

這個章節並不是一份囊括權威和網路酸民無恥地說著荒唐事的詳盡清單，但我想這是一個很好的提醒，讓你想到這些人可能是某種擁護者──不是邏輯學家，也不是歷史學家

——而且他們並非總是忠於事實。如果你選擇仿效他們的論點，就別期待別人會把你當一回事。

黃金年代的濾鏡

如果你關注新聞，就會被一個接一個鄭重且危急的警告所攻擊，全是有關這個世界是如何盲目地走向衰亡的命運。我們很容易就會迷失大方向：以歷史上的標準來看，這個世界非常安好，而且進步的速度正在加快。

在這個章節裡，我將帶你快速瀏覽，有哪些事情進行得非常順利，以及哪些事情可能會持續順利地進行下去。我這麼做是要幫助你認知到，你有多常身處負面思考的精神監獄裡，而事實上一切都很順利。

我天生是個樂觀主義者，我承認我把自己的這種偏誤置入這個章節裡。你無須對我所有的樂觀想法都買帳，但你還是可以看到一個更要緊的重點，就是你被媒體說服了，這使得你以負面的角度看待未來，而這正是媒體的商業模式。如果媒體可以選擇要嚇你、或告訴你一切安好，這兩個選項中有一個會帶來較高的收益，有恐懼才會有生意。我希望這個章節能夠幫你把這些恐懼類的報導，放回應有的脈絡裡去檢視。

貧窮以及人口過剩

一九六六年，全球有一半的人口生活在極端貧困之中。到了二〇一七年，這個數字已經下降到剩百分之九。[①]一旦你把人們從赤貧中解救出來，他們就會開始傾向於去組建小一點的家庭，這意謂你可以免費控制人口。

中產階級最近過得不那麼好，是因為生活的開銷成長得比收入快。當這類型的失衡是發生在一個有創新精神的資本主義系統裡時，你可以預見，會有新公司雨後春筍般地冒出來回應這個問題。當然總是會有時間差，所以你不會馬上看到。我將向你簡要地介紹這些創新，讓你可以期待在不久的將來，看到這些創新被用來降低生活開銷。

》不貴的住宅

若是想要看到一個全新的住宅建設系統，還為時尚早，但事情正在往那個方向發展，可以看出一些端倪了。我們現在已經看到一些雖然是小規模但成功的測試，包括 3D 列印的住宅、工廠建造的住宅，可以自己組合的住宅工具包，以及非典型居住安排，例如大學生跟年長的市民為了彼此的共同利益成為室友。要知道這些方式當中，哪一種能顯著降低優良住宅的成本價格還言之過早，但隨著人們對這個問題的高度關注，行家說，我們很快就會有低成本的住房選擇，而且這類的住宅尚無人可以完全想像得到。

》教育

傳統的教育需要一位教師，教導同一個房間內，一個班級的學生。這是個昂貴的模式，如果你住在一個學校資金不足又無其他選擇的地方時，那將是個糟糕的模式。線上學習

正在快速地成長，並且已經具有成本效益，但是跟幾年後可能會發展的樣子比起來，目前還是處於相當初始的狀態。大部分的線上學習，仍侷限於一名教師喋喋不休地在錄影機前講解一個主題，但是最終，無可避免地，你會看到更多好萊塢電影模式的線上教育出現，即會有許多符合資格的人組成各個團隊，一起為這個產品做出貢獻，而「老師」可能只是一個好的呈現者，類似於演員的概念。課程內容可能會是平面藝術家和電腦繪圖師、有才能的作家以及導演，一起工作的成果。今天，再加上科技產業的能力，可以測量什麼東西點擊率最高、誰的考試成績最好，你就有辦法讓線上學習的形式持續地進化，變得愈來愈好。

目前，在大部分的學科中，線上學習的體驗不如實體教室，但是這個落差迅速地在縮小，最終，比起大學，在線體驗將更加優越，更能夠廣泛地提供服務，學費也遠遠低於大學。有那麼一天，我們可能會看到公立學校被線上課程取代，輔以學生的社交聚會，使其成效更為提升。

我最近出於娛樂的目的，購入了一個虛擬實境的系統（VR），同時也順勢了解一下虛擬實境科技接下來發展的方向。在目前的形式下，虛擬實境的內容是相當侷限的，頭戴虛擬實境裝置數分鐘後，會導致使用者頭痛並伴隨暈車感。然而，儘管這項科技依然相當粗糙，但很明顯地，虛擬體驗終將會與實際體驗相抗衡，並在許多方面超越現實體驗。這對線上學習來說尤為重要。如果你可以讓自己置身某個場景裡——比方說，以觀眾的身分，參與一場歷史事件，或是用

虛擬的零件組裝一部虛擬的機器——那麼，你的學習體驗，比起任何教室所能提供的，會來得超群卓越。

我在家會玩的一款虛擬實境遊戲，是參觀興登堡號飛船（Hindenburg Airship），這艘飛船在一九三七年那樁知名的空中起火事故中，已經摧毀。我可以按自己的步調逛進控制室、船員艙、公共區域以及所有內部工程空間。這是一種全身式學習，讓我把興登堡號飛船的內部構造記得一清二楚，彷彿我曾親身去過那裡。

非傳統學習最大的一個障礙，可能是結束之後取得的證書和學位的價值。如果你擁有頂尖大學的學位，老闆會大概知道你這個人的能耐在哪裡。但如果你在線上學習了各式各樣有用的技能，卻沒有學位學程，那麼其他人要怎麼知道你的價值？我預計隨著時間的推移，這種情況會有所改變，因為有些可靠的企業主和公司已開始認可某些線上課程，視它們為同等學歷。

未 結 案 件 的 盡 頭

你是否注意過，將近百分之百的重大刑案似乎都被偵破了？這可不是意外使然。在美國以及其他已開發國家，我們擁有足以解決任何犯罪事件的科技，只要這些案件值得投入資源。你對於執法時，大部分能夠用來破案的工具或許都已相當熟悉。但是，當你看到這些工具一起陳列出來時，會創

造出一個強而有力的畫面，而在其中，未偵破的犯罪率將近乎零。

》錄影機無所不在

　　大部分的公司，裡裡外外都有裝設監視錄影機，而私人住宅裝設的情況也在增加。如果你正在從一起剛剛犯下的罪行中逃跑，執法單位只需要知道犯罪發生的地點，以及大概的時間點，他們通常都能找到你離開現場的錄像。

　　我認為未來大多數的自動駕駛汽車都將配備車內外的錄影功能，這意謂著任何在汽車視野內的事物都會被記錄下來，而自動駕駛汽車將會減少酒駕、超速、公路暴力，以及大部分其他類型的車輛相關犯罪行為。

　　隨著智慧型手機的普及，你幾乎可以保證任何在公共場所發生的犯罪行為都會被記錄下來，而如果犯罪人失誤，在智慧型手機或是任何智慧型揚聲器附近說話，執法單位也許能夠取得音訊檔案。

》數位軌跡

　　如果你擁有智慧型手機——幾乎所有罪犯都有——執法單位就可以知道你去過哪裡、說過什麼、跟誰交談，以及在哪裡買了些什麼。除非你活在數位網絡之外，而這很罕見，否則你很可能會留下一個明確的線索。

≫ DNA

　　我們早就能夠把在犯罪現場找到的證據進行 DNA 比對，但隨著愈來愈多人自願提交 DNA 樣本進行個人檢測、或是在族系網站上追查自己的家譜，隨之而來的是，比對 DNA 的能力正在大幅躍進。[2]目前新的發展是，犯罪者的 DNA 現在可以用來定位出他的某個表親或親戚，只要你掌握了罪犯的家庭成員，通常就可以找到罪犯了。只消問問鮑伯表哥，他有沒有任何親戚住在案發的那座城鎮，這樣的訊息通常就足以讓你找出罪犯來，而這套精確的流程已經被成功地運用過了。隨著愈來愈多的人出於各種個人原因主動交出他們的 DNA，任何來自犯罪現場的 DNA 都有可能會透過家族關係連結到罪犯的身分，一旦你有懷疑的對象，那個人的數位線索就會將他出賣。

　　人類總是會受到誘惑、犯下罪行；但通常只會發生在人們認為自己可以全身而退的時候，而這樣的日子快終結了。可以預見，犯罪率將會持續地下降。

世界和平

　　最近的幾十年來，我們是否正在經歷戰爭逐漸減少的趨勢？關於這一點，專家之間依舊意見分歧。[3]如同大部分的事情一樣，這得取決於你如何測量。隨著時間的演進，戰

爭死亡人數的比較，由於治療傷患的技術進步而變得更加複雜。但在我看來，有若干個力量正齊心協力地讓未來發生戰爭的可能性大大降低。

1. 相互保證銷毀核武持續運作中。
2. 征服已不再具有經濟效益。
3. 游擊式的反對勢力可以取得更好的武器。
4. 比起實體戰爭，經濟戰爭是較好的替代方式。

過去，征服鄰國並掠奪他們的資源通常很有意義，這可能是一項很好的投資。今天，從戰爭中賺取金錢的機會微乎其微，因為被征服的國家必然會出現全副武裝的游擊反抗勢力，他們會炸毀油管、道路以及其他征服者有可能利用的經濟資產。我們知道，侵略國將承受來自其他已開發國家所施加的巨大經濟壓力。在我們這個連結愈來愈緊密的全球經濟體裡，大興戰爭對於商業相當不利，侵略者也非常清楚明白，他們最後也討不了什麼好。

就算各國不再為經濟利益發動戰爭，你還是會遇到某種戰爭，基於某位非理性的領袖人洗腦自己的國民，讓他們為非理性的原因而戰。但即便是那些最不理性的領導人，在投入征戰之前，也需要相信自己是有贏面的。希特勒是很瘋狂，但他只有認為自己在軍事和經濟上都有獲勝的機會時，才會入侵其他國家。在那段反對勢力主要以步槍武裝的日子裡，你很有機會占據並控制被征服的領土。今時今日，這些

歷史都不可能再重演；你若是攻占鄰國，就等同經濟自殺。

如果你看看當今世界上兩位所謂「最瘋狂」的領導人
——伊朗的阿里‧哈米尼（Ali Khamenei）和北韓的金正恩
——他們也都擁有可觀的軍事力量，然而我們發現，在面對
經濟壓力和軍事恐嚇時，這兩個人都做出了理性的回應。請
記住，媒體經常將我們在國際上的對手描述得彷彿他們精神
失常似的，這幾乎總是在誇大其詞。當獨裁者對批評者以及
對手做出邪惡的勾當時，通常都是出於理性地在追求自己的
利益，儘管是不道德的。換句話說，即便是那些「瘋狂的」
獨裁者，都不是一味地在發瘋。

根據人類的天性，一個獨裁者如果越過那條線，徹底地
進入非理性狀態，很快地，他就會被自己的核心圈子以及軍
事力量給革除。儘管獨裁者百分之百會被對手貼上瘋狂的標
籤，但是一個完全非理性的領導人要能夠掌權，且時間要長
到足夠發動戰爭，這在今時今日，發生的機率是微乎其微。

關於我對戰爭方向所抱持的樂觀態度，我會透過對一些
主要的軍事衝突型態做出檢視，以此來自圓其說。

》核子武器

我們從未見過兩個核武大國互相開戰，在我看來，我們
永遠也不會看到它發生。相互保證銷毀毀滅性武器所帶來的
威脅顯然有效。要掀起戰爭的最低門檻是侵略者必須認為有
獲勝的合理機會，且沒有任何人會相信某個國家可以在核子

戰爭中取得任何有意義的「勝利」，所以這是個好消息。

≫ 以核子武器攻擊非核武器

過去幾十年給我們的教訓是，強大的軍事力量可以很輕易地擊潰軍事規模較薄弱的國家，但是，獲勝的那方無法輕易地占領並長期控制戰敗國，原因是，要遏制那些無可避免的游擊抵抗，得花費高額的成本。因此，我們大概會愈來愈少看到征服性戰爭，因為只靠武力是不夠的。

≫ 代理戰爭

只要符合大國的利益，大國就喜歡在小國的爭戰中選邊站，革命也包括在其中。我們稱之為代理戰爭。對於支持小國國內派系的大國來說，獲勝的好處可能大於風險，或者說至少在過去是這樣。但是在這裡，我們也會看到一個趨勢，即對那些在戰爭中資助某個派系的大國進行經濟制裁。例如，當我在書寫本文的當下，伊朗和沙烏地阿拉伯兩國，都正經歷著結束於葉門的代理戰爭之經濟制裁。④

≫ 特殊戰爭

在未來的幾年裡，我們仍將看到規模較小的戰爭發生，這其中涉及了一些特殊的情況。例如，如果戰敗國的人民面

對侵略國的意圖持中立或積極的態度，並且他們不喜歡自己的領導人，那麼這種情況對侵略者來說，可能就會是相當有利的。但是隨著時間的流逝，我們應該要預期這種特殊情況的戰爭數量會漸漸地縮減到零，因為這些少數的情況都已經被利用殆盡了。

》激進的伊斯蘭戰爭

對於激進的伊斯蘭恐怖攻擊，我看不到盡頭，因為對地球上生命的正常成本—效益分析，並不適用於那些相信殉教後會獲得回報的人。但是在敘利亞境內，所謂的 ISIS 哈里發（國）短期的掌權，向我們展示了一件事，就是當那些成就超乎我們想像的恐怖分子試圖掌控領土時，會發生什麼事：這會使他們成為更容易攻擊的目標。當你試圖占領領土時，那些身為祕密恐怖組織的優勢也會隨之蒸發。

我們也注意到，整個中東的心理局勢正朝著正向發展。過去的想法是，以色列是穆斯林鄰國的共同敵人，並且這個國家相當脆弱，最終可能會以某種方式被攻克。比較新的想法是，以色列太強大了，從任何合理的軍事角度來看，都無法將其攻陷；而伊朗則逐漸崛起，成為以色列以及該地區其他穆斯林國家的共同敵人。以色列在改善與鄰國的關係上取得了巨大進展，並直接向伊朗人民發起一場公開的友誼關係，例如，主動提議要協助他們處理水質淨化的問題。

綜合考慮這些因素，中東距離看起來像是和平的狀態，

可能只剩下一個阿亞圖拉[1]的距離了。而那個阿亞圖拉，就是伊朗的最高領導人哈米尼，他已經八十多歲，加上經濟制裁以及軍事開銷，該國經濟正處於崩潰之中，而且人口相對來說比較親西方。或許，這是有史以來第一次，在消除中東地區戰爭的主要條件已經成熟，可以取得重大進展。

≫ 雜項戰爭

未來的一百年內，阿富汗可能還是會在各種外部實體的幫助下，在自己國內發動戰爭。但其中大部分將會是在其境內。可以合理地推測，許多開發中國家將發動內戰以及與鄰國的戰爭，並伴隨種族大屠殺以及其他暴行。但隨著這類國家的經濟發展逐漸融入全球經濟體系，它們發生戰爭的機率將會急遽下降。

不管是對已開發國家，還是它們那些發展得沒那麼完全的盟友來說，戰爭發生的風險都在逐年下降，因為經濟制裁是更好的武器選擇。

我不會跟那些說我對於大規模戰爭的未來過度樂觀的人爭論，但我確信，歷史上引發戰爭的原因幾乎都消失了，至少就那些最大型的武裝戰爭而言。今日，進行經濟戰爭變得更加有意義，我不認為這會有所改變。

---

1   譯者注：伊斯蘭教什葉派領袖的稱號

氣候變遷

二〇一八年，政府間氣候變化專門委員會（IPCC）發布了一項「嚴峻的」預測，表示氣候變遷會在八十年內，讓 GDP 出現百分之十的衰退。儘管被偽裝成可怕的壞消息，但這可能是你在這個議題上聽過最好的消息了。八十年後，假設趨勢正常發展，世界的富有程度可能會是現在的五到十倍，我們甚至不會注意到，比起沒有氣候變遷的狀況下，我們的收入少了百分之十。但假設你不認為全球暖化在經濟上是微不足道的事，你還是可以理直氣壯地保持樂觀，因為科技已經蓄勢待發了。在未來八十年中我們會看到什麼，這點幾乎無法想像。這邊有一些現階段在該領域中的有趣發展。

≫ 核融合發電

多年來，核融合發電一直是能源相關討論裡的「飛天車」。未來主義者堅持不懈地預言這即將到來，而所謂的「即將」來了又走了，我們的期待卻只是一而再再而三地落空。

夢想中的狀況是，核融合會成為新型的核技術，可以克服許多舊型核分裂式的科技侷限。只要能夠解決一些問題，使其可在商業層級運用的話，核融合發電的潛力是無窮無盡的。核融合將提供乾淨、不間斷的電力，且成本之低足以殲滅所有與之競爭的其他能源。如果科學家和工程師能在未來二十年內將這項科技商業化，對於下一個八十年的氣候變遷

問題，你就可以少操點心。

但是核融合真的會變成一個實務上可行的方案嗎？

最近我與該領域的一位傑出投資人交談，他告訴我，核融合面臨的挑戰已經從科學領域轉到了工程領域。意思是，核融合反應爐在理論上行得通了，只要我們可以設計出一組足夠強力的磁鐵控制電漿，或是找到其他工程學上的替代方案，這個反應爐在現實世界中應該可以運作。在材料科學方面已經出現了重大的突破，讓我們可以進行實驗，找出一個穩定的工程解決方案。還有一些工程上的障礙，但目前看起來似乎都在可解決的範圍內。在我撰寫本文的當下，有十家已獲得投資的新創公司，正在尋求不同的途徑，以獲得他們認為的核融合工程最佳解法。如果你知道這些公司的員工有些是世界上聰明的人，你會賭這十家公司都無法成功嗎？

≫ 第四代核電

我們可能不需要等到核融合科技問世。所謂的第四代核電設計的目的是，即便幾乎所有一切同時出問題，也不會發生爐心熔毀事件。二〇一九年，比爾‧蓋茲列了一張清單，羅列了他心目中具有突破性的科技，呼籲人們關注這些「新浪潮」反應爐的潛力。[5]

與此同時，二〇一九年，美國能源部宣布了一處多功能測試反應爐的場地，用於快速測試新型的核燃料解決方案。設計核電廠時所面臨的最大問題之一就是，想要從糟糕的設

計反覆運算到成為好的設計是不可行的——幾乎所有科技的發展都是如此演化而來——原因在於風險、成本、政治，以及只要遇到跟核能有關的事情都得經歷的漫長計畫週期。新的快速測試設施將解決其中的一些問題。⑥

你會問，要如何儲存來自第四代核電廠的所有核廢料呢？第四代的一些設計是將核廢料轉化成動能。

跟你分享一個軼聞，我所認識的理解核能產業的人，沒有任何一個反對第四代核電廠。關心與不關心氣候變遷問題的人都囊括其中。第四代核能對兩方的人來說，看起來都是明智之舉。而這條路上的阻礙，正在迅速地消失。

》空調

氣候暖化更大的風險之一是愈來愈多人將死於高溫。身為億萬富翁，也是位企業家的理查·布蘭森（Richard Branson）與印度政府合作組成一支團隊，向能夠發明出更好的空調系統的人——即價格更便宜的空調系統——提供三百萬美元的獎金。這類集中型的努力已經在過去締造出好成果。再過個幾十年，我們可能就會看到新型的低成本空調，同時核融合發電或是第四代核電也可以提供便宜的電力。更廣泛地說，八十年是一段很長的時間，足以讓我們找出如何戰勝高溫的方法。凡是那種可預見、數十年內可能會發生的問題，人類都很擅長解決。而行家則表示，八十年後，即使氣溫如預測那樣逐漸攀升，死於高溫的人還是會愈來愈少。

≫ 二氧化碳淨化器

　　氣候變遷的懷疑論者經常大聲提醒我們，二氧化碳對植物是有益的，科學上也同意這一點。溫室會使用二氧化碳產生器來提高植物的產出。但是在暖化以及其他方面，多少二氧化碳才算過多？這是個大哉問。我沒有資格回應這個問題，所以為了達成我們的目的，在這裡，我將介紹一些正在開發，用來淨化大氣中二氧化碳的科技。萬一我們將二氧化碳從空氣中濾去，成效好到導致植物因缺乏二氧化碳開始喘不過氣；我認為我們將會提早看到這個問題的出現，並有足夠的時間可以去避免矯枉過正。無論你對於二氧化碳的危險性有什麼樣的想法，擁有能夠濾除大氣中二氧化碳的科技，供我們在覺得必要時使用，並不會造成什麼傷害。以下是一些正在成形的方式。

≫ 碳工程

　　碳工程是一家加拿大公司，其中部分資金來自比爾‧蓋茲。他們的報告指出，在淨化大氣中的二氧化碳這方面，他們已經有了突破性的技術，並將其轉換成一種飛機燃料。他們的技術已經通過中間試驗，而他們最大的主張是，他們已經將這個過程的成本降低到符合經濟效益的程度。任何新公司的主張，一定會受到合理的質疑，但是比爾‧蓋茲的投資暗示了這家公司的抱負，無疑是屬於不那麼瘋狂的範疇。[7]

>> Climeworks

Climeworks 是另外一家公司，正致力於利用巨型吸氣發動機和控制化學反應，濾除大氣中的二氧化碳。這家公司如今可以建造比現有設施相對較小的版本，但單位成本比起大規模設施顯然較高。有人認為效率會隨著時間的推移逐漸提高，在成本結構中投入低廉的核能將有很大的幫助。[8]

>> CarbFix

CarbFix 是一個由雷克雅維克能源公司所領導，並由歐盟資助的國際財團經營的專案。他們聲稱已經能夠從大氣中清除二氧化碳，並將其永久地儲存在岩石中。同樣地，我們必須對這種事情的經濟性保持懷疑，但隨著多個試圖清除大氣中二氧化碳計畫的運行，根據假設逐漸提高效率和降低單位成本，很可能是相當有希望的。[9]

>> Global Thermostat

有一家名為 Global Thermostat 的公司，已經開發出利用現有的工業程序，像是藉由金屬冶煉、水泥製造、石油精煉等所產生的餘熱，採集空氣中的二氧化碳。這些二氧化碳可以應用在室內農場、油井修復，或碳酸飲料的製造上。

現在想像一下，使用已經荒蕪的市中心土地，成本幾乎

是零。因為擁有這些法拍地的是市政府，且希望能有效地使用這些空間，而整個國家城市裡，遍布了數以萬計毀壞的城市物業可運用。現在假設你建構了一個資料中心，該中心產生大量的餘熱，並且把這樣的餘熱放在一座室內農場旁，讓這些室內農場可以在冬天使用這些餘熱；或是用來加溫冬日的人行道和停車場，讓這些地方不再有鏟雪的需求。接著再加上 Global Thermostat 的技術，可以用資料中心的餘熱來生產二氧化碳，並提供給隔壁的室內農場使用。溫室裡面本來就會導入二氧化碳，因為它對於植物是否能夠健康成長來說，至關重要。

我不會表態說這個特別的點子會勝出，但它可能會幫助你看到未來有多麼地難以捉摸。人類在解決眼前已經可預見的、未來可能會發生的重大問題上，有著相當出色的紀錄。而用「有系統的方法」，讓企業與鄰里和諧地相互合作，在解決各種社會問題方面，有著非常大的潛力。[10]

» Strata Worldwide

Strata Worldwide 這家公司也有著獨一無二的商業產品，用以淨化大氣中的二氧化碳。[11] 現在你應該已經有這個概念了，資本主義正在發揮自己的功用。

我沒有資格針對任何二氧化碳淨化技術進行比較，也無法預測，如果其中有任何一項在商業上會取得成功的話，

又會是哪一個。但我會把這個情況比作個人電腦剛出現的時候，當時，你無法輕易預測哪家公司會在個人電腦的市場上取得主導權，但你可以滿懷信心地預測，個人電腦會就此在我們的生活中占有一席之地，且會逐漸出現戲劇化的進步。考慮到氣候變遷的高度優先性，以及往這個方向注入的鉅額資金，像我這樣的樂觀主義者會預測，直接濾淨大氣中的二氧化碳將會變得很經濟，並且可及時擴展到一定程度，得以對地球上二氧化碳濃度造成顯著的影響。

二〇一九年二月，能源部長瑞克・裴利（Rick Perry）宣布投入兩千四百萬美元的資金，以支持在碳捕集這個領域裡，八個已確定的計畫項目。我們無法得知這些計畫中有沒有哪一個會成功，但在碳捕集上的努力和關注告訴我們，很多聰明人都認為這具有潛在的生產力。

終 結 失 業

大部分的未來主義者認為，未來的世界會是由機器人承擔所有低技能的工作，甚至許多需要高端技術的，也會被機器人拿走，從而導致大量的失業人口。這有可能是未來的發展方向之一，但人類很勇敢且適應力也很強，特別是當問題如此明確，我們也都同意它將會發生的時候。由機器人引發的失業危機很容易預見，我觀察到一些有益的趨勢，可以將我們從失控的失業問題中拯救出來。

第一個趨勢是，我們可能會看到一些重大的創新，可以降低生活開支。我預測接下來的二十年，醫療照護、交通、能源、教育、網路取得以及居住等成本，都將大幅降低，這意謂著較低的工作收入將足以讓你享受有品質的生活。

我提到過，當核融合或是第四代核電變得可行時，能源成本將會驟降。能源產業在各個領域裡都在不斷提高效率，在未來的數十年內，配備高效率太陽能板的新住宅，以及許多綠建築工法打造的新住屋，將使得家庭平均消耗掉的淨能源趨近於零。

自動駕駛汽車總有一天會讓個人擁有車輛變成非必要。隨著高效率共乘系統的 App 被開發出來，擁有一部車的成本可能會由多個家庭共同分擔；而自動駕駛的車輛幾乎不會發生車禍，這意謂著保險費用最終將會大幅降低。

教育將繼續往線上教學發展，並且在成效方面持續進步。這意謂著人員培訓成本會下降，很快地，對失業人員進行再培訓，將變得相當簡單且實際。如同我先前提到過的，我一直在研究打造低成本住宅這個趨勢，在這個領域，有很多事情正在發生。未來五年，人們將會看到 3D 列印出來的廉價住宅、機器人；甚至是房屋主人用模組套件自己組裝出來的房子。

這些趨勢全部加起來，代表著工人可能會失去高薪的工廠工作，被機器人取代；而轉從事另一份薪水只有原來一半的工作時，卻擁有非常好的生活方式。這可能需要從高價地段，遷移到另外一個已經發展出低生活開支的地區。但這是做得到的。

低生活開支對於有固定收入的年長者來說極為重要，這個族群無法永遠仰賴政府向年輕公民徵收足夠的稅金，從而永遠為每個人提供一張安全網。作為一個樂觀主義者，我期望資本主義能做它最擅長的事情：即找出市場機會，迅速地創新，打造出低成本生活的選項。

　　對求職者來說，未來最大的優勢就是能夠在國內──甚或全世界──任何地方找到工作，並且按照要求搬到當地。目前，對於沒錢的人來說，身體的流動性受到了極大的限制。但是，正如我們在其他各個領域所看到的一樣，你可以期待這個領域會如常地持續改進。未來的雇主可能會為低薪族群提供重新安置工作的解決方案，包括讓人與工作的配對更適當、視訊面試、便宜的交通，以及從到職日即享有的廉價住宿。對於不這麼做的公司來說，意謂著無法獲得最好的員工。我也預測，為了將目前的建築翻新，好讓這些建築更有效率地運用能源、愈加適合現代生活，將有一個龐大的就業市場會出現。不久之後，機器人就可以遵從指令，建造新住宅；但是遇到翻新需要做決策之類的狀況時，它們將難以駕馭。因此，建築翻新的市場應該會替人類製造愈來愈多的工作機會，而且還會維持好一陣子。

醫療保健的創新

　　醫療保健領域內容太多了，在本書中無法完整涵蓋，但

我們在每個領域都看到了令人驚豔的突破。我會描述幾個有望降低醫療成本的趨勢，這將解決美國最大的問題之一。

》 遠端醫療

為我提供醫療保健的人，是那些允許病人透過電子郵件「看」醫生的先驅之一。大約百分之八十的情況下，我的問題可以在跟醫生通信的一小時內，完全獲得解決，包括拿到處方簽。其他醫療機構也提供類似的服務。使用電子郵件明顯降低了就診的成本，同時更加方便、有效率。

如果電子郵件發送速度不夠快，或者你想要更加個人化的服務，你現在可以透過手機上的視訊通話，即時聯絡醫生，而費用則是當面諮詢打折後的價錢。對於沒有醫療保險的人來說，與在一般非緊急狀況下前往急診室就診相比，通常可以省下很多錢。我的新創公司所開發，名為 Interface by WhenHub 的 App，[12] 是那些數量不斷增加，以視訊通話聯絡醫生（以及任何領域的專家）的平台之一。當你讀到這本書時，我預計遠端醫療的選項數量會大幅增加。[13]

》 智慧型手機健康檢測與實驗室健康檢測

用來進行健康檢測的裝置在尺寸和成本方面都在縮小，並逐漸成為消費者可取得的終端商品。已經有新創公司正在製造智慧型手機的配件，可以進行尿液、血液、血壓、心

律、體溫以及血氧等的檢測。當你讀到這本書的時候，我預期那些新創公司已經發表了更多、更平價並且可以連接到手機上的健康感測器。

我投資了一些新創公司，他們使用了政府軍事實驗室最近開發的技術，可以使用醫生辦公室的桌上型裝置，進行皮膚和血液樣本的檢測，並且在數分鐘內取得結果。這麼做削減了把樣本送到實驗室的成本，與此同時，新創的醫療實驗室正在找方法介入實驗室醫學檢測這門生意，並且讓成本顯著降低。所有的指標都表明，實驗室檢測的成本——至少對於最常見的幾項檢測來說——在接下來的幾年內將大幅驟減。[14]

>> 創新與科技

二〇一八年，波克夏‧海瑟威[2]（Berkshire Hathaway）、亞馬遜與摩根大通（JP Morgan）聯手，要替他們在美國的員工，打造出一套成本更低、更好的醫療保健解決方案。[15]這項努力尚處於初始階段，但看起來是一個正確的團隊，可以進行創新並挑戰醫療保健領域某些最棘手的成本問題。你可以期待他們提出的某些或全部的創新，最終都會更廣泛地讓整個國家集體受益。亞馬遜在線上銷售、資料管理以及高效

2　譯者注：美國控股公司，目前執行長由巴菲特擔任。

率配送方面的專業知識，是明顯可以預期會有所改進的幾個方向。但對於這支團隊，我的期待並不僅止於此，我不認為在他們出現之前，有任何具有同等資格、資金規模的團隊，曾經如此關注過醫療保健的費用問題。

≫ 核磁共振掃描

在美國，無論在哪裡，核磁共振掃描都是一項昂貴的檢查程序，視掃描類型而定，費用從數百美元到數千美元不等。針對核磁共振掃描所新開發的技術，有望使這個設備的成本降低一半。做為醫療界整體大趨勢其中愈趨重要的一環，新創公司已紛紛瞄準高成本醫療機械市場，以製造低成本設備參與這場競爭。

≫ 移除規範及法律阻礙

美國的醫療保健系統背負著錯綜複雜的規章制度限制和負擔，這些規範扼殺了自由市場和競爭的利益。人們認為，醫療遊說者、議題天生的高度複雜性以及效率低下的政府，都是有待解決的基本問題，但還是有理由感到樂觀，因為川普政府正在大力推動聯邦法和相關程序的修訂，以促進醫療保健在各個領域中的競爭。要知道這一切最後會演變成什麼樣還言之過早，但有效率的市場競爭，通常都有利於消費者。

我們也可能會看到，各大政黨在提議解決醫療保健問題

的競爭中受益。民主黨人想要的是某種由納稅人資助的全民健保，而共和黨人則偏好透過改善市場競爭，提升醫療服務的易得性和降低取得醫療服務的負擔。從政治的角度來看，民主黨的提案比較有力，因為他們的計畫很容易懂，況且一般選民並不在乎富人為了這項措施，將被過度課稅。在這裡，我是刻意將事情過度簡化，因為選民們就是會用這種方式來理解這件事。

共和黨人在醫療保健方面，處於政治弱勢，因為他們所傾向的改善市場競爭的方法，對選民來說，聽起來像是含糊其辭的承諾，而且在修法和改變規範方面共和黨的功勞很難被認可，因為選民從一開始就不知道那些法律規範是問題的所在。但我還是期待共和黨大力推動法律和規範的精簡，以此對抗民主黨的全民健保計畫。共和黨需要展現政策的具體成果，競爭是有益的，即便在政治裡也一樣。

》 大數據

我們對於個人的日常選擇和健康細節了解愈多，就愈有能力知道哪些行動可以改善健康，而哪些不能。作為一個國家，我們已經從健康監測器上、個人 App 中、DNA 測試和健康醫療紀錄中，取得了大量的數據資料；這類型數據的用處一開始很小，但隨著數據的新增，用途也會快速增加。我會舉一些例子來說明這一點，但不要太看重具體的例子，我談的是更廣泛的觀點。

多年來，我每天晚上睡前都會服用一顆小小的阿斯匹靈，因為醫生說它會讓我在心臟病發時的生存率增加。但最近有一項研究發現，沒有任何特殊心血管疾病風險的老年人食用阿斯匹靈並沒有什麼好處，且平均而言，還可能會稍微提高你在其他健康問題上的風險。目前，我們只能透過資助研究來了解這種相關性（如果不是因果關係的話）；但是在不遠的將來，我們的資料庫裡會擁有足夠的病患健康數據，以了解在其他條件相同的情況下，服用阿斯匹靈者的壽命是否更長或更短。再更近一步的話，當我們愈了解人們的行為，以及這些行為在健康方面造成了哪些影響，也就愈容易找出哪些組合的事物對你有益。

　　當我在寫這一章的時候，人正在海拔八千三百英尺的地方邊工作邊度假。有位飯店員工告訴我，大約有一半來這裡的人都會有高緯度所造成的類流感症狀，大概會持續一到兩天。如果可以知道是什麼讓某些人會有這些症狀而有些人卻不會有，這難道不會很有幫助嗎？這兩種人是在 DNA 的層面上彼此存在著差異，還是因為生活方式不同，或是因為體重不一樣？如果我早知道我是屬於有可能出現嚴重症狀那一半的人（而我的確有這樣的症狀），我就可以在半山腰的城鎮先待上一天，讓身體適應，再往更高處走；而我剛得知這個作法在此處很常見。

　　我的例子可能很不起眼，但更重要的是，有了關於人們健康和行動的足夠數據後，我們就可以在醫療保健方面釋放出龐大的價值；擁有更多病人的數據，在降低花費上會有很

大的潛力。

≫ 醫療上的突破

好幾個世紀以來，醫藥科學一直在進步，但是近年，改變的腳步正在加速，我們在基因療法、幹細胞療法、各種癌症治療以及疫苗傳輸系統等方面取得了突破，這只是簡單舉幾個例子而已。我們一些最恐怖、最昂貴的醫療問題將很快會有例行適用的修正方案。

假設你的身體是一部汽車，現在我們能做的保養只是添加汽機油和對調車胎，而我們即將脫離這個階段，進入一個可以從零開始，重建每一個零件的時代。我們已經知道正在發生的那些轉變並非漸進式，而是那種一上場就整個翻盤的改變。

我上頭提到的趨勢在戲劇性地降低未來的醫療保健費用方面，有著集體性的成效。對於先前我們無法治療的疾病有了新的解決方法，這將會增加醫療成本，但權衡下，換來的是解決先前無法解決的問題，這樣的交易是可接受的。

種族關係

如果你犯下關注新聞這個錯誤的話，你可能會認為美國的種族關係正惡化到一個令人擔憂的程度。我認為這主要都

是因為媒體的商業模式所造成的錯覺。壞消息會賣錢，而且根據 CNN 的老闆傑夫・佐克（Jeff Zucker）所言，與川普政府有關的壞消息比什麼都賣得更好。不斷噴湧而出有偏差的新聞報導，讓我們無法看見我們原本可能看得見的那些正面消息。

在這方面，我最喜歡的例子是，當媒體聲稱川普總統有批評非裔美籍女性的習慣而砲轟他的時候。川普被指控是種族歧視分子並且不尊重女性，而他們說這就是明確的證據。總統的確在幾週內批評了數名位高權重的非裔美籍女性，這足以在批評者腦中形成一種規律性。他們在分析中沒提到的是，川普總統百分之百會去羞辱那些批評他的人，無論他們屬於哪個人口族群。就在一週後，他在推特上抨擊了幾名白人男性，還有其他所有需要挨罵的人。

我對於這個狀況的解讀是，之所以這麼多黑人女性成為總統的目標，原因在於這些女性在事業上有著非凡的成就——她們的成就如此卓越，以至於美國總統必須要對她們所做出的批評給予回應。川普批評的女性是那些在政治這場流血運動裡的選手，而且位階非常高。一則在種族平等的議題上，你所能夠看到最成功的故事之一，被廣泛報導成全然相反的模樣。如果美國總統因為你所做出的評論而攻擊你，那代表你的事業生涯一定經營得有聲有色。

在我撰寫本章那星期，川普總統在推特上發了一條推文說，被他革職的國務卿雷克斯・提勒森（Rex Tillerson），同時也是埃克森美孚（Exxon）[3] 的前 CEO，「蠢得跟石頭一樣」

並且「懶到不行」。有錢的白人老頭也無法倖免於總統的反擊。這裡正確的脈絡會是，不管是誰攻擊川普，川普都會攻擊回去。

以我個人來說，我發現有一點非常具有啟發性（我是認真的），亦即有如此多的非裔美籍女性達到了與雷克斯・提勒森同樣的目標價值。美國的許多黑人女性在事業上都有著出眾的成就，這是個非常正面的徵兆。

我住在加州，我不會假裝自己的經驗對國內其他地區的人來說很典型。但從我的角度來看，在人與人層面上的種族關係較以往而言空前的好。異族通婚愈來愈多、所有少數族裔的就業率創歷史新高，總體而言，大眾也更加自在地把彼此當成朋友、伴侶以及鄰居。

如果在你看來，國內最近種族歧視團體變得愈來愈多，請記住，在追蹤這些事情的人，比方說南方貧困法律中心，他們是拿錢辦事的，如果你付我錢，要我追蹤國內種族歧視團體的數量，那麼即使是達科他州南方有個三個傢伙自己架出來的網站，我也不會放過。如果你付錢請人找出家中的鬼魂，並把鬼消滅的話，你所僱用的人可能會告訴你他們發現了那些鬼。不要相信有經濟動機的人所提供給你的數據資料。此外，當報導裡帶有政治色彩的時候，絕對不要相信你在新聞媒體上聽到的壞消息，實際上真的不如他們所說的那樣糟。因為在這些案例中，新聞媒體通常都只是在選邊站罷

3　譯者注：世界市值最高的上市石油公司。

了。如果你在日常生活中看到愈來愈多種族歧視的現象，那會是一個很大的危險信號，而你不該忽視它。但如果你唯一看到種族歧視現象出現的地方就是在新聞裡，或是那些付費找出很多種族歧視事件的團體，請保持懷疑的態度。基於我活了幾十年的經驗，美國的種族主義在我生命中每一年都在下降。明年看起來也很不錯。

結 論 ……

在這一章裡，我試圖重新定義一些全球面臨的挑戰，讓它們不像你原本想像的那麼可怕。你可以在很多地方不同意我的樂觀主義式看法，我也確定你會這樣，但即便如此，還是會在你心中留下足夠的例子讓你省思，自己之前為什麼會那樣擔心。

> 新聞媒體的商業模式會保證你看到的負面消息，比實際上發生的更多。事情往往比看起來順利，尤其是長遠來看。

正如我之前提到過的，恐懼是一股巨大的驅動力，當人類對某件事情感到恐懼時，就會試著著手去解決問題。我樂觀地認為，我們目前最大的那些問題可能會走上我們過去重大問題的老路——意思就是我們會找到方法來處理它們。

如何從你的
精神監獄逃脫

如果我讓你看清了精神監獄的圍牆，卻不告訴你該怎麼從中逃脫的話，那我就太不友善了。我馬上就要跟你分享一些工具和技巧，讓你可以達成這件事。一旦你擺脫了精神監獄，幾乎生活中每一個部分就都會變得更加輕鬆，你了解世界的程度會是別人永遠無法領會的。你的思考會變得更加有效，也更有能力對於即將到來的黃金時代貢獻一己之力。

我 的 越 獄 之 旅

讓你知道我自己從精神監獄逃出來的過程可能會對你有所幫助，如此一來，你就比較能夠感覺得到，當你的精神變得自由自在，會有哪些可能性。我母親讓我養成了一種信念，就是只要我下定決心，「什麼都做得到」。那當然是一種誇飾法，因為我無法在 NBA 球隊打中鋒位置。但是在我面對人生該怎麼過的選擇時，這種你什麼都做得到的心理狀態，對我來說是個非常大的優勢。我相信沒有任何精神監獄關得住我，我就是這樣生活的。

我沒有受過任何正式的繪畫訓練，但是我成了地球上最頂尖的漫畫家之一。

儘管在一開始我不是個稱職的講者，但是我漸漸找出改進的方法，藉由這個過程，我成了國內最熱門且收入最高的專業演講者之一。

我的第一本書《呆伯特法則》（*Dilbert Principle*）讓我成

為冠軍暢銷書作家，而這本書會是我的第十一本，這還不算上幾十本《呆伯特》（Dilbert）系列的書。我從未上過任何寫作課程，除非你要把一個為期兩天的商務寫作研討會算作寫作課。

我的漫畫事業進行了幾年之後，我畫畫的那隻手得到了一種無法治癒的肌肉痙攣，叫作局部性肌張力障礙。國內最頂尖的專家告訴我，這是不治之症。我的理解是，我是第一個已知的、找到方法從這個病中痊癒的人。我之所以能做到，是因為我透過試誤，找出一些替代方案來防止我的手再度受傷。

就像我在前面的章節中提到過的，我生來就有一個「無法治癒」的毛病，叫作境遇性排尿障礙，比較多人知道的名字是膀胱害羞症。境遇性排尿障礙幾乎無法治療，但是我現在已經大幅擺脫了來自這症狀所受的限制，因為我找到了一個對我而言有效的方法。

二○○四年，由於一種稱為痙攣性失語症的不治之症，我失去了長達三年多的說話能力。當我試著要說話時，我的聲帶就會發生痙攣。在四處搜索解決方法的幾年之後，我經由當時一項新的手術，變成了世界上屈指可數從這個疾病中痊癒的人。

二○一五年，我意外地變成政治評論的關鍵人物，成為國內最多人追蹤和引用的意見領袖之一。

這些是我能夠告訴你的故事，而那些出於各種原由我無法談論的，比起這些都還要令人吃驚且難以置信。

你可以從我怪誕的人生軌跡中看到，在我能夠做到的事情或是可以達成的目標上，我不認為有任何人為的限制存在。我不得不設想，假如我被養成的信念是我能夠做到的事情是有所限制的，我還會有辦法穿越生命中一道道想像出來的監獄圍牆嗎？還是說，我會相信這些牆是真實存在，然後就此待在我的精神監獄裡？我不知道。但我的確見過很多更年長的人從他們的精神監獄逃脫，並且成就了許多偉大的事。很顯然，幾歲開始策劃逃獄絲毫不重要。你不需要像我一樣從小到大被養成忽視自己的精神監獄，你可以從今天開始，如果你正在讀這個句子的話，有一半的你已經自由了。

　　我們來把這項工作收尾吧。

文 化 重 力

　　每種文化對於成功都有自己的感受，我稱之為文化重力。如果你的文化是慶賀成功的，那麼你的文化重力就很弱，你可以根據自己的才能和努力往上爬；但如果你的文化並不樂見成功的話，那麼在你每次嘗試取得成功時，都會感受到整個文化將你牽引回地面。

　　當我還在學校的時候，我是班上男孩子當中成績最好的。先別急著認為我很厲害，那是座小小的城鎮，我學年的整個畢業班裡頭只有四十個人，而且班上有兩位女同學幾乎從我入學到畢業，成績都比我好。如同你能想像得到的，班

上其他的男孩子會欺負我，說我是個書呆子。這種嘲諷，尤其是在這麼小的年紀，創造出了一種文化重力。訊息很明確：如果我想要當個很酷的人，就不能同時當個好學生。

但我對於大部分的欺負是免疫的。每有一個人試圖踐踏我的好成績時，顯然，就會有十個人是支持我的成功。我的小鎮文化重力很弱，小鎮裡大部分居民都是支持共和黨，如果你賣力工作又守規矩，就可以感覺到整個文化是支持你的。我從一開始就是如虎添翼。為了資訊完整起見，我不得不說，身為男性的這個身分很有幫助。我學校裡的女孩子在當時可沒有得到這樣的支持，她們經歷了強烈的文化重力以及不公平的期許，認為婚姻就是她們的職涯；而其他可接受的替代方案是成為教師或護士。

我們觀察到在亞裔美籍的社區裡，文化一貫是支持成功的。在那樣的文化裡，取得好成績會帶來慶賀並贏得尊重。換句話說，他們的文化重力較弱。

市區的非裔美籍文化，狀況顯然有所不同；這是我從屬於那個社群的成員那兒聽來的。這裡所說的，並非依據我個人的觀察，而是聆聽那些經歷過自身文化重力的人所言並轉述。我聽到的是，在市區內較貧窮的地段，年紀小的黑人學生為了展現合群，會承受很大的壓力，他們在課業上不能表現得太好，也不能乖乖地循規蹈矩。我不知道造成這個現象的原因是什麼，但是我接受現況就是如此。

我在寫這個章節的時候，肯伊・威斯特（你可能會稱呼他「肯爺」）正在經歷某些文化重力，可能會是你見到過

的文化重力當中，強度最高的。他正在踏出自己的舒適圈，任何對肯伊的歷史有些微了解的人都知道，他在音樂和時尚雙方面，都取得了至高的成就，而且對於這兩個領域，他原本都不是專家，是半路出家。顯然，肯伊並沒有擁抱輸家思維，他也異常地不受文化重力影響。單憑這一點，就可以說他是世界上最重要的公眾人物之一了。他不只是在許多領域上頗為成功——他還摧毀了輸家思維，並示範了如何逃離文化重力。先不管他在音樂、時尚方面的成功，以及他在改善社會與政治方面有哪些成就；肯伊讓世界看到的是要如何更有效地思考。這是甘地等級的東西呀！但是那些對他個人或是對他的音樂有微詞之人，可能看不見這一點。

> 如果你讓你的文化當中，那些不成功的人扯你後腿，你就是在進行輸家思維。如果你能夠學會把自己從同儕的文化重力中解放出來，不受影響，長遠來看，會有所回報。

知 道 從 哪 裡 開 始 著 手

如果你不知道做某件事情正確的方法，只要不危險的話，就試試用錯的方法去做做看。做事情出錯是個找出如何把事情做對的絕佳方法。我成為世界上最有名的漫畫家之

一，靠的就是幾乎在每件事上都做錯過，一直到我找到該怎樣做才對為止。我成了在重大場合演講、報酬最高的演講者之一，就是從做得爛透了開始，直到我搞懂哪些是可行的，而哪些行不通。

當你以錯誤的方法去做某件事時，會有一些知道怎麼做才對的人出現，他們會很大方地跳進來告訴你哪些地方做得不對，你就好好利用這些免費的建議。

如果你不知道某件事該怎麼做才對，而 Google 搜尋也無濟於事，那麼唯一會出錯的選擇就是什麼也不做，這是一種輸家思維。在你知道如何做才是正確的方法之前，一直等待是個很糟糕的策略，你可能會永遠等下去。直接跳下去做比較好，去犯錯，看看會吸引到哪些免費的協助。

二〇一六年時，我開始進行一項計畫，每天都在 Periscope 這款 App 上直播，主要是在談論遊說以及政治方面的主題。那時候我的音質很粗糙、光線不足、講的內容沒有重點，整體來說，就是你所見過最糟的製作品質。我那群為數不多的觀眾持續地給我建議，告訴我在各個方面可以如何改善我的影片，我也會實驗一些自己的想法。時至今日，大多數主要的新聞媒體都在追蹤我在 Periscope 的頻道「跟史考特・亞當斯喝杯咖啡」，並且為我帶來了出版合約以及源源不絕的媒體訪談邀約。現在，當我在公開場合露臉時，公眾比較會因為我的政治評論而認出我，反倒不是因為我是《呆伯特》的漫畫家。我之所以走到這樣的位置，是因為我幾乎在每件事情上都不在行，一直到我吸引了足夠多的免費建議

來讓我取得進展。

在你知道要怎麼做才是完全正確的方法之前，什麼也不做並持續地等待，是輸家思維的一種。這種策略唯有在那種犯錯會導致你在生理或財務上發生危險的時候才有意義。對於人生中大多數的雄心壯志，我們都可以直接跳下去做，出點錯，然後從中研究出方法。如果過程中你感到既尷尬又丟臉，恭喜你！**這代表你剛剛學會尷尬死不了人。朋友們，這項認知簡直就是種超能力。**

> 如果你找不到進行某項任務的正確方法，那就用錯的方法去做做看，看看你能多快收到一些免費的建議。

模糊的優先順序

你可能還會用一種方式把自己鎖在精神監獄裡，就是搞錯優先順序。但是弄清楚什麼事情才是最優先的，可沒有聽起來那麼簡單。

舉例來說，很多年以前，我參加了 GMAT ── 要取得美國商學院研究所的入學資格，得先通過這個考試。該測試會要求學生閱讀一個跟商業情境有關的簡短故事，並辨認出其中「最重要的」變因有哪些。我在考真正的 GMAT 之前，

做過幾次練習用的模擬測驗，而且每次在練習測驗中都能答對，但是我發現，那些設計答案本的人都答錯了。換句話說，他們對於什麼是「最重要的」，與我意見相左。我到現在還是相當有信心，我當時的答案是正確的，而官方解答是錯的。幾年之後，他們把這類題型刪除了，大概是因為像我這樣的人去申訴了吧。我想說的是，在一個複雜的情況當中，想知道什麼才是「最重要的」，通常比想像中更難，而要讓兩個人意見一致，則是難上加難。

有些時候優先事項很明確，像是身體有受傷的風險時，或是某些瞬間發生的緊急狀況。但是在我們的日常生活當中，我們經常無法分辨當下最重要的事情是什麼，這就是判斷力的問題，而我相信你已經注意到了，人們的判斷力很差。

在我的書《如何能幾乎做什麼都失敗卻還是大獲全勝》裡，我談到了要把自己放在第一順位，因為如果你不先學會怎麼照顧好自己，就無法為他人做很多事。意思是，在你的健康和財務狀態都已經很好之前，要以這兩件事為第一優先。然後你才會站得穩，可以把你的慷慨向外擴展。擴展的優先順序大致如下：

優先順序：

1. 你自己　　　　　2. 家人
3. 朋友　　　　　　4. 雇主
5. 城鎮／城市　　　6. 國家
7. 世界

當然，這個排名也會有例外的情況，而當例外發生時，你一定會認得出來。例如，如果你可以替世界解決某個重大問題，那麼拜託你動手吧。我們會為此感謝你，甚至你的家人和朋友也會認同你的犧牲。但這是一種罕見的情況，比較常見的狀況可能會像是，思考著你應該要加班還是去健身房；正確答案通常都是去健身房。我相信你會知道哪些時候會明顯地需要當作例外來處理。

　　我建議你在健康、體適能、飲食和教育這些方面自私一點。你的工作也有著很高的優先順序，有些時候你必須把你的雇主放在第一順位，因為這就是他們僱用你的原因。但是如果你的老闆老是讓你為了工作捨棄健康，那麼去找份新工作吧。

> 你的第一順位應該要是你自己。如果你不先照顧好自己，你對任何人而言，都不會有太大的用處。但是要盡快，這個世界有很多問題，而你可能有辦法幫忙解決。

脈　絡

　　人們會掉進精神監獄，最常見的狀況可能是因為不了解具體脈絡。如果你哪天瀏覽了新聞頭條，就會訝異於有多少所謂的新聞報導，只是由於某人缺少了事情的一些脈絡，

進而誤解他人所說的話或所做的事。談到脈絡的缺漏，今天早上我在做每日例行的 Periscope 直播時，觀眾的情緒突然出現一百八十度的大轉變。我的觀眾通常都很友善，但是今天卻開始大合唱似地一直聯合起來噓我。我不知道我做了什麼，以致遭受如此的鄙視。要同時在直播節目中持續講一個小時的話，還要同時注意螢幕上即時的評論，這需要大量的練習才做得到。我當下立刻將一半的大腦用來繼續進行直播，另一半的大腦則用來弄清楚我是在哪裡出了錯，這樣我才能趕快修正我所說出來冒犯人的內容。我很快便得知，僅用一半的大腦，讓我的智力變得像是一隻年邁的海豚，如果給我魚吃的話，我也許有辦法可以學會某個把戲的程度；但是我的運氣沒那麼好，我要做的是公開談論一項複雜的議題，同時還要解開一個謎團。在我深陷泥沼的同時，事情持續在走下坡。觀眾的負面反應愈演愈激烈，整面牆「噓！噓！噓！」地噓聲一片，而我仍然搞不清楚我到底做錯了什麼。

然後我注意到，當我在直播時，我的貓噓寶（Boo）就在我的身後。我的觀眾們都認識噓寶，他們只是很開心地呼喚牠的名字罷了。與其說他們在噓我，不如說他們根本無視我的存在，而取代我的是一隻他們從未當面見過的貓。不過就算是這樣，總比被噓來得好。

我要說的是，脈絡很重要。如果你不知道完整的故事是什麼，你將無法分辨得出你是正被噓下台、還是在看著人們試圖以文字跟一隻貓溝通。這兩件事表面上看起來可能一模

一樣。

人類在決策過程中所犯的最大錯誤，很可能就是忽略相關的脈絡。有時候我們是故意為之，像是避開不看那些會讓現實產生不同解釋的新聞或資訊來源；只要拓寬獲得資訊的管道，就可以輕易解決這個問題。但是有個更大的問題來自於**你不知道自己不知道些什麼**。

回想看看這些時候：你對於新聞上某些議題的意見非常堅定，卻在之後發現你並不知道事件完整的來龍去脈。這很常見。光是這星期在我身上就發生了五次，我這麼說可不是在誇大其詞。起初的報導指出，某個人做了件很糟糕的事，但是在一兩天後──這個故事有了更多的脈絡──我才知道，我的第一印象完全是錯的。

這也就是為什麼我喜歡等個兩天，再對新聞報導的事件形成一個強烈的意見。最初的報導常常會是錯誤的，或是斷章取義缺乏脈絡，因此，倘若馬上對於那些在新聞上所看到的內容做出反應，根本就是在浪費精力。你只要等個幾天，很可能就會發現，在得知事件的脈絡之後，之前報導中的那個災難根本沒什麼大不了，或者之前看起來不太重要的事情其實是場災難。兩種都有可能。

二〇一八年十月，《紐約時報》刊登了一個時間軸，內容是「# 只要頭路不要暴民（JobsNotMobs）」[1] 這個口號是

1　譯者注：原文為：Jobs not mobs. 意即要工作不要暴民，譯者為了銜接後段討論，及其口號性質，稍做修改。

如何由一位推特用戶創造出來，並蔚為風潮，熱門到成為川普總統推文以及造勢大會上演說的一部分。《紐約時報》報導我以這種方式參與了這一連串的事件：

> 史考特・亞當斯，連環漫畫《呆伯特》的創作者，很快就對「只要頭路不要暴民」這句口號公開表示認同，指出它具有潛在力量。由於該漫畫家在親川普派的網路群眾中，有著很高的支持度，他的表態是此事件中的關鍵時機點。

在我寫作的這個當下，我的推特帳號約有三十二萬四千個追蹤者，其中的確包括很多親川普派。但是要理解這個故事，尚欠缺了一點點脈絡。我因為寫了遊說這個主題，在關注政治動向的群眾間也很有名氣，其中包含我在《紐約時報》的暢銷書《超越邏輯的情緒說服》、我在 Dilbert.com 這個網站上熱門的部落格文章，以及我每日進行、且大部分大型媒體網站都在關注的 Periscope 直播，白宮也在其中，或者應該說是有人這樣告訴我。因此，當我認可這個口號很有力的時候，熟悉我在遊說方面才能的人就會正確地認為「只要頭路不要暴民」在遊說上相當有利，這是為什麼在這句話的背後，他們投注了這麼多心力的原因。在我的推文中，我對這句話的認同是這樣來的，當時我正在回應阿里・亞歷山大（Ali Alexander）在推特上討論**暴民**這個詞的一則貼文：

單單「暴民」這個詞並不會產生任何作用，但是
「只要頭路不要暴民」這句話，則加入了一些措辭
上的潤飾和對比，使得這句話會像膠水緊緊地黏在
腦子裡。科學顯示，大腦會把押韻解讀成具有說
服力。

　　《紐約時報》[1]的報導指出，是我在目標觀眾群的知名
度發揮了作用，才讓我對這個事件有了如此的貢獻，這種說
法缺乏了一條關鍵性的脈絡，就是我之所以會在那些關注與
川普有關的推特用戶之間很有名，是因為我對於這個政治遊
說特定主題的了解。我是個受過專業訓練的催眠師，我學習
各種形式的遊說已經超過數十年，這是我身為作家技能包裡
的一部分。我遊說的內容主旨在於川普總統有著武器級的遊
說技巧，因此，以我看待世界的角度來看的話，我跟總統都
看見了「# 只要頭路不要暴民」這句話所具備的說服力並非
偶然，幾乎任何受過訓練的遊說家，都可以立刻看出這句話
裡頭所具有的力量。

　　如果你關注政治，你就知道那些對於川普總統不友善
的新聞媒體，包括《紐約時報》，並不會經常把他描述成擁
有任何有用技能之人。在這種情況下，他們為了避免在報導
時，不小心誇讚到我們之中的一人擁有寶貴技巧，所以必須
將我和總統的遊說技能這條脈絡排除掉。《紐約時報》藉由

切除這條脈絡，把一個關乎遊說技巧的故事變成了一篇關乎知名度的報導。如果你不知道整個來龍去脈，你也不會知道有什麼遺漏。

像我這種經常成為新聞和文章主角的人，就知道大約有六成的時間裡，報導要不是大錯特錯，就是少了某些重要的脈絡，而這些脈絡會改變你對於整個情況的看法。在閱讀這本書的過程中，如果你發現自己認為我太不信任專家、媒體、和一般人，那麼你得先理解我的脈絡。如果你看到一則關於陌生人的報導，你通常無法得知這則報導有多準確地呈現出事實；但是當我看到跟自己有關的報導，我就會很清楚他們哪裡有錯。同樣的道理也適用於那些你在網路上看到的關於我的負面報導。我知道關於我的各種醜聞都是假的，因為我知道他們省略了哪些脈絡。但是**你**不知道。正如我所說，我認為最有可能的狀況就是，關於我的報導有百分之六十的時候不是錯誤就是具有誤導性；而錯誤並非總是無害的。我看過報導說我是極端右派分子，否認猶太大屠殺、是《加菲貓》（*Garfield*）的創作者，而這些被刊登出來的報導都不是真的，但如果有人信以為真的話，其中至少有兩件事可能會讓我在酒吧跟人起衝突。

我的假設是，新聞上關於其他公眾人物以及其他重大議題的負面報導，同樣地也很常是錯誤或具誤導性。底下是一個很好的經驗法則。

有關知名人士以及其他有新聞價值的議題報導，大約有百分之六十的時間，不是大錯特錯就是具有誤導性，原因經常是在於脈絡的缺乏。關於任何新的事情，在形成自己的看法之前，先等個幾天吧，這是為了以防萬一缺少了某些脈絡，而這通常都會發生。

聽專家的

不管是在哪個領域，我都不建議你忽視專家。然而有時候，你需要違背專家的建議，才能完成任何有意義的事，我將會給你一些例子。

一九八八年，當我仍在當地一家電話公司工作時，我試圖利用空閒的時間讓自己變成一名漫畫家。我把試稿作品投給了當地主要的聯合發行公司，他們會向世界各地的報紙銷售漫畫。有四家由全球頂尖漫畫商業價值專家所組成的公司都收到了我的試稿，也都退了我的稿。有一家聯合發行公司點了頭。《呆伯特》於是成為有史以來最成功的漫畫產權之一。五分之四的專家都錯估了我的潛力。

我自己也曾經是位專家。當我在當地電話公司工作時，我的工作是對未來三到五年內的財務決策做出預測，看看這些決策之後可能會有的成本效益。我預測的準確度就跟你把試算表交給一隻松鼠之後，你預期會從牠那邊得到的成果差

不多。我曾經也是一名專家，而我幾乎總是大錯特錯。容我為自己說句公道話，對複雜的情況做出財務預測的人，大多數時候都是錯的。當他們的預測正確無誤時，那叫作運氣。

> 我們生活在一個忽視專家建議會有危險的世界；但是遵從他們的建議，其危險程度不相上下。訣竅是要知道哪些時候專家就是解決問題的方法，而哪些時候他們是看守你精神監獄裡的獄卒。

我發現當情況很單純的時候，相信專家最為有用。歷史上，有很多類似的狀況，在這些案例中，專家們對於哪些行得通、哪些行不通，掌握得很好；但是對於極其複雜的情況而言，沒有任何歷史模式可以用來預測，並且專家們眾說紛紜。這類的專家意見並不比一個深思熟慮後的猜測來得有用，這樣想就行了。

假新聞濾網

我所開發，用來理解這個世界最有用的系統之一，會要你反覆地在 CNN 與福斯新聞（Fox News）報導間來回切換。當我遇到某個人，無論他是左派還是右派，當他被困在兩座孤島其中之一時，我很快就可以辨認出這個狀況，因為他們

對於另一方的論點缺乏了解。反對與自己相反的觀點是一回事；但如果你連聽都沒聽過，這個問題就大得多了。而這個狀況在美國的政治圈相當常見。

最近，我徵詢一位著名的民主黨員，他是否知道像比爾・蓋茲這樣的聰明人，認為現代的核能技術——尤其是第四代核能電廠，沒有熔斷的危險，並且可以把其他廠址的核廢料當作燃料消耗掉——是在處理氣候變遷的風險上，最有希望的途徑。他說他不清楚這件事，而他也不認為他在政治上的同儕團體知道這件事。對很多民主黨員來說，氣候變遷的風險之大，是致災性的，然而他們封閉式的新聞來源，讓他們有太多人並不知曉處理這個問題最有希望的方法是什麼。缺乏適當脈絡的報導是一種很危險的假新聞，通常也是最難發現的。這裡有一些技巧，可以用來辨識潛在的假新聞。

四項檢查：真實的新聞，無論是在右傾的（福斯新聞以及布萊巴特（Breitbart）新聞網）還是在左傾的（CNN 以及 MSNBC）新聞網站上，一般來說報導內容會是一致的。如果他們都說有個颶風正衝著你來，你就把包袱款款，趕緊逃吧；如果只有右傾的新聞網或是只有左傾的新聞網，把某件事情當作事實來報導的話，很有可能該事件並非是事實。

團隊偏誤：手上沒有權力的「那一方」比較可能會去製造假新聞。當歐巴馬總統在位時，福斯新聞告

訴你，他正千方百計地企圖摧毀這個國家。而 CNN 對歐巴馬的報導稍微平衡一些，更傾向於談論他的成就。當川普總統掌權時，CNN 話鋒一轉，報導上源源不絕地都是川普表現得很差的負面新聞，而福斯新聞則表現得像是他的啦啦隊長。在政治傾向上失勢的新聞媒體最令人憂心，大部分都是他們在製造恐慌，因為這正是他們的在野黨觀眾會買帳的。對於另外一個陣營來說，他們偏好的總統成功上位了，這會讓他們擁有一項優勢，即隨著時間的推移，能夠去指出總統的一些成績，即便他們必須誇大其詞也一樣。

讀心術：去尋找那些新聞權威為了找碴而去閱讀政治人物心思的跡象。這通常代表著事情並沒有像新聞標題寫得那麼糟。新聞產業需要源源不絕的新聞——最好是壞消息——來餵養他們的商業模式。如果他們所能做的，只是自己對某些陌生人並未說出口的想法做出抱怨，那麼這個世界就沒出什麼亂子。

厄運式預測：去尋找報導中的壞消息，實際上只是政黨派人士對某種厄運臨頭的預測。某一方的啦啦隊所預測的厄運臨頭，幾乎總是很誇張。

人為的暴行：去尋找權威人士積極曲解某人的評論，或是斷章取義的跡象。如果不耍那些邪惡的花招，這些評論根本不是什麼重大醜聞。

荒謬性：如果你看到的新聞荒謬到難以置信，那通常是因為這些新聞不是真的。新聞界有句老話：狗咬人不是新聞，人咬狗就是新聞了。人咬狗非常地超乎尋常，但在我們所處的這個瘋狂世界，還是可以想像到它發生，所以也算不上太荒謬，只是不太可能。荒謬的案例會是像這樣：有一座寵物墓園坐落於核能廢料場旁，這使得墓園中的一隻狗死而復生，並且咬傷了某個人。

戰爭迷霧：遇到重大的突發新聞，在一些紛擾塵埃落定之前，不要輕易相信你所聽到的，報導裡最前面的那幾句引言、死亡人數，以及對於未來的影響、是誰的錯等等。經驗告訴我們，在大部分的事情上，最初的報導都不準確。

> 無論左派或右派的新聞媒體所報導的新聞可能都是真的。但如果你只在某新聞網站上看到其他網站沒有的某則報導，且故事內容傾向某一方，它可能就不是真的。

遊 說

正如我頻繁述及的，我在二十多歲的時候，在夜間部學習如何成為一名催眠師，這讓我踏上了一趟長達數十年的旅

程，試圖更進一步理解人類的心智是如何運作，並對於學習如何遊說產生特別的興趣。作為一名催眠師，我所學到的最重要的一件事情就是，遇到人生中許多重大問題時，人類從根本上來說並不是理性的。相反地，我們是會一個接一個地做出非理性決定的物種，然後透過在事實背後編造「理由」來掩蓋我們的足跡。換句話說，與其說我們是理性的物種，不如說我們是一種處在自以為**理性幻覺**的物種。如果你不了解人類天性中這項基本特質的話，你就會永遠被困在你的精神監獄裡。你執著於相信自己是理性的，而這正是掌控你人生的主要錯覺；一旦你學會如何看透這個錯覺，你精神監獄四周的牆就會開始消融。

如果人類真是理性的，你就會看到，在宗教和政治這些議題上，當人們獲得新資訊，而這些資訊與他們現存的信念有所矛盾衝突時，他們隨即就會改變自己的觀點。但我們並沒有看到任何類似的事情，至少不是很普遍。取而代之的是，人們無視事實，想像並不存在的事物，並指控另一個團隊的人格有問題，對一堆巧合做出穿鑿附會的解釋，無論事實證明了什麼，他們皆採取非理性的行動應對。

當我們沒有投入任何情感的時候，我們人類可以在一些小事上保持相當程度的理性。可是我們所在乎的事當中，大部分都涉及情感，包括你的戀愛、家庭、事業、宗教、政治、生活方式，甚至興趣。非理性主宰了我們的重要決定，但這種非理性通常都會穿著你無意間提供的理性偽裝。如果你想要了解這個世界的真實樣貌，而非人類是理性的這種神

話版本，下列這些書中的任何一本，都會讓你獲得解放。我建議你按照這個順序閱讀：

《影響力》（*Influence*）

——羅伯特·席爾迪尼（Robert Cialdini）著

《為什麼我們這樣生活，那樣工作？》
（*The Power of Habit*）

——查爾斯·杜希格（Charles Duhigg）著

《快思慢想》（*Thinking, Fast and Slow*）

——丹尼爾·康納曼（Daniel Kahneman）著

《超越邏輯的情緒說服》

——史考特·亞當斯著

如果在這個主題上還需要更多的閱讀資料，請上網搜尋「遊說力書單」（persuation reading list），就可以看到我個人推薦的書籍，我時不時會更新這份清單。

> 如果你以為人類都是用理性來判斷最重大且優先的事情，那麼你在駕馭生活上便是缺乏很多必要技能。

管理尷尬的感覺

在這本書前面的章節，我告訴過你，將你的自尊視為一種工具，比起把自尊當成一種自我認同更加有效；但說起來容易做起來難。我們的自我透過恐懼控制我們，而那些恐懼通常只是一種幻覺。這邊有兩個你終生都可以使用的關鍵練習，可避免你的自尊變成你的獄卒。

> 為了保持練習，經常將你自己置於一個可能會感到尷尬的情況裡；如果你跟計畫中一樣感到很尷尬，那麼就觀察看看一年以後，你是如何依舊活得好好的。也許你甚至還因為這件事，有了一個有趣的故事可說。

以及……

> 當你是旁觀者時，留意一下其他人的尷尬和難堪對你而言有多微不足道。你的尷尬與難堪對其他人來說正是如此：一點也不重要。

運用這兩個技巧，我已經從幾乎對每件事都感到尷尬，進展到近乎無羞恥感。跟人生中大部分的事情一樣，練習很重要，如果你練習去控制你的自尊，漸漸地，你就會學著怎

麼有效做到這件事。這不是一朝一夕的事，但如果你努力去做，一年後，你就會看到巨大的收穫，而且這些收穫是會累積的。

改變你的行為以改變你的思考方式

你的大腦會做決定，讓你的身體去做你決定要做的所有事情。但是反過來也可行；企圖從精神監獄中逃脫出來的話，這會是一項重要的工具。你可以藉由改變身體的動作和行為，來改變你的思考方式。

最簡單的例子就是，如果你去旅行，將你的身體移動到一個新的地方，與來自不同文化背景的人交談，身體的重新定位將大大地擴展你的思維。

你可能曾經注意到自己的情緒和想法在運動後、進食後、甚至做愛後，會有多麼極端的改變；而如果你睡眠不足，你就會知道與睡眠充足相較下，你的思維模式不一樣。你可以做出的最重要的觀念轉變之一，就是領悟到你可以透過照顧好自己的健康和體態，來控制你的思維和態度進行的方式。

你有多少次在考慮要不要接受挑戰時，因為你很累、很餓、又或是生理上很虛弱，最後認為挑戰太過艱鉅而無法接受？又有多少次是你注意到保持健康和充沛的精力，可以讓你說服自己去接受那些更大，雖不至於致命，但是更有可能

讓你丟臉的挑戰？我描述的正是你們大部分的人。如果你想要更有效地思考，一定要確保管理好自己的身體，保持在一個能讓你做到有效思考的狀態。學會如何正確地飲食並正確地運動。把睡眠當成一門經學習而獲得的技能。這幾個主題並不在這本書的範圍內，但是你可去讀我的書《如何能幾乎做什麼都失敗卻還是大獲全勝》，你會學到怎麼打造簡單的系統性方法來完成所有這些工作。

> 要更有效地思考，先改善你的體態、飲食以及睡眠。

批 評 錯 誤 vs. 應 對 錯 誤

如果你跟大多數人相似，你就會根據你認為別人犯的錯誤來批判別人。我人生中有很長一段時間也是這麼做，但我最終領悟到，這是輸家思維的一種，一個比較聰明的思考方式是，去看看人們如何回應自己所犯下的錯誤，並依據這些回應來評價他們。

我相信你會想要用這個標準，對待你自己生命中做出的那些糟糕選擇。我們都會犯錯，我認為這是身為人一個永遠不會改變的特質。但是，在錯誤發生的時候，我們有什麼樣的表現，是用來評斷彼此更好的標準。

用人們的錯誤來評價他們的最大問題是，你實際上做

的只是根據你自己的標準所認定的錯誤在評判他們。那些被你評價為天使的人，可能只是比較擅長或比較幸運，讓自己從那些泯滅人性的勾當中全身而退罷了。這樣會導致一種後果，即你以個人心中那把尺來衡量別人所得出的排名並不準確。而如果你無法正確地幫人們排名，那麼作為一個有判斷力的人就毫無意義了。那只是在瞎猜罷了。

用別人的錯誤來評價他們的另一個問題是，我們也會犯錯，而我們對於自己所犯的錯總是有「理由」。有時候，我們並未看到事情的全貌；有時候，我們會處於疲憊、犯蠢、驚愕、很生氣，或是其他讓我們在做決定時狀態很差的狀況，而這些時候並無法代表我們其他大部分的時候，是個怎麼樣的人；有時候，我們認為自己的錯誤根本不是錯誤，即便在別人眼裡它就像錯誤也一樣；有時候，我們為自己沒有做的事而受到指責；有些時候，我們的輕重緩急不一樣，因此可能你認為是錯誤的事，我卻認為它關乎全體的更大利益，凡此種種。關鍵在於，當你用來評斷他人的標準，也是別人用來評斷你的標準且為你所接受時，這時候文明才會運轉得最順利。你可以說這是己所不欲、勿施於人這項黃金指導原則的其中一部分：待人如己所願。

我們人類很愛動不動就去對別人品頭論足、評斷別人，而我們無法在大腦中按下一個開關，把這個特質給關掉。我們也不會想要這麼做，正是因為對環境做出了判斷，才讓我們得以保命。意識是一個永不間斷的迴路，總是在尋著哪裡有規律性、哪裡有問題，並對這些事物做出評價與判斷，因

此，我們才能知道下一步該怎麼做。一顆星球無法關掉自身的引力，你也無法關掉不停做出評斷的這項特質。但你能做的是下定決心，在遇到一些不那麼嚴重的逾越之舉時，你能以自己是犯錯之人的同等心態回應，對他們做出評價，而不是針對那些錯誤本身做評斷。我發現這是評價他人最好的方式。如果一整年持續這麼做，你將很難回到過去那種偽善的評價方式，就是以他人的錯誤本身來評斷他們——一種你不會喜歡被套用在自己身上的標準。

更明確地說，在法律體系的脈絡裡，整個社會必須根據律法來判斷人們的錯誤。你不能從法律層面寬恕一項罪行，否則社會將會崩潰。而且，我們完全有理由認為，當我們在選擇員工、朋友或是戀人時，無論你觀察到這些人過去有著什麼樣的行為模式，這些模式都很有可能持續下去，不太可能會在突然之間戛然而止。我不建議你忽視明顯的行為模式。

我會建議的是，只要實務上可行，我們就應該用別人回應錯誤的方式，來評價他們的人格。而當你面對一個錯誤，所能做出的最佳回應會是按照這些步驟：

1. 完全承認該項錯誤及其所產生的影響。
2. 展現出真心誠意的懺悔。
3. 說明接下來你打算如何修正彌補。
4. 說明你計畫如何避免類似錯誤再次發生。

如果你做到了這四件事情，我離開的時候可能就會帶著

這樣的想法：儘管你先前犯了錯，但我認為你比大部分我遇到的人都還要好。對於做出評價的人以及被評價的人來說，這都是一種極富成效的思考方式；如果我們欣然接受這個標準，社會會運作得更好。

在我所處的世界裡，大多數的人都已經從他們的宗教信仰中了解到要憎恨罪惡而非犯罪之人。但要真的做到很難，因為這跟我們大腦的設定背道而馳，我們更願意把寬恕的任務外包給神；我所提議的標準，是透過他人對錯誤的回應方式來評斷他們，這樣你就可以不用打擾你信奉的神，而仍然會有一個好結果。

根據他人對錯誤的回應方式來評斷他們，而非單純以錯誤來評價，這會讓你對於自身的錯誤感覺好一些，只要你的回應遵循這四個步驟。我們人類喜歡有明確的行為準則，而這四個步驟清楚而明確。按照這四個步驟，你的自我感覺以及對他人的感覺都會更好。這將使世界變成一個更友善，混亂也更少的地方。

四 十 八 小 時 法 則 以 及 二 十 年 法 則

你是否曾經好奇過，禮節上的那些規範是從何而來？我的意思是，是誰首先提出要對打噴嚏的人說「祝福你」？是誰決定看到有人跑向電梯時，幫他按住電梯門是禮貌的，而裝作沒看到且反覆猛按關門鈕，是沒禮貌的舉措？

為了要跟上不斷改變的時代，有些人必須時不時地發明新的禮儀和規矩。我就發明了兩條建議你要採納的規矩，因為這麼做會讓世界變得更美好。除此之外，這兩條新規矩還可以讓你不要落入輸家思維。

>> 四十八小時法則

四十八小時法則規定，每個人都該要有四十八小時的時間，對某個冒犯到他人的言論做出澄清、道歉，或是反過來，進一步陳述這些言論。四十八小時的計算，是從那些出言冒犯者意識到有人被冒犯起開始計時。

在這兩天的時間過去之前，我所建議的規矩是，旁觀者可以表述該事件讓他們有什麼樣的感受，並禮貌地要求做出解釋。但預設你正確地解讀了一個令人反感的陳述，這則是不禮貌的作法。一旦你獲得了對方的說明／道歉／更新，根據我的這個標準，這時你就可以自由地表達自己的意見了。

如果你現在無法立刻看出四十八小時法則有什麼價值，那麼你大概是不太關注新聞。大約有一半的新聞報導都涉及斷章取義，言行表現冒犯，並且製造出好幾個小時的內容，裡頭盡是些挖苦之詞，除此之外什麼也沒有。

作為一個公眾人物，我一直都很希望四十八小時法則的存在。有一些陌生人一天之內在社交媒體上攻擊我好幾次，只是因為在他們的想像中，我是這麼想、這麼說、這麼做，那些批評者當中，只有極少數是真的與我意見相左。我知道

這對於你們這些無需面對公眾，僅擁有個人生活的人而言，聽起來很奇怪；但是在直接觀察了這幾年後，成千上萬則針對我的公開意見所做的批評裡，我可以告訴你，當中，真正對我的觀點或關於這些觀點所產生的脈絡做出正確解讀的，不到一成。

當你覺得某人的言論冒犯了你時，養成一個習慣，就是先等待四十八小時。你會驚訝於你有多常誤解了那些訊息。這並非巧合。人們鮮少故意公開發表一些令人不快的冒犯性言論，然而，與此同時，誤解他人訊息的情況卻非常普遍。四十八小時法則，可為人們帶來一個好處，就是可以讓大眾往好處想，而這是符合機率的。

> 以為自己能準確地辨識出陌生公眾人物的意圖，這麼做是一種輸家思維。比較好的做法是要求人們進一步說明他們的觀點，並且接受那些最能夠佐證他們內心想法的證據。

一個實際問題是，我們能夠駕馭生活的唯一方法，即是不停地去推敲別人到底有些什麼樣的意圖。我不是在說你有辦法可以關掉這種本能。但是，回應某個具有冒犯性的言論，最有效——也最合理——的方法就是等待對方的澄清或道歉。而這麼做的原因在於，大部分具有冒犯性的言論都不是你乍看之下的那樣。一旦你有了更完整的脈絡以及更多可

靠的事實，你就可以站穩腳跟，表現出你是真的很理解對方的意思和意圖；而即便已經做到這個地步，你想的通常依然是錯的。但至少你可以說你已經試著要保持心胸開闊了。我們並不是生活在一個，人們可以盡所能開放思想對他人表現寬大胸懷的理想社會裡；不過，如果我們努力去嘗試，將使世界變得更美好。

二〇一八年，羅斯安妮・巴爾（Roseanne Barr）在推特上發布了一則重創自身事業生涯的貼文，這則貼文被普遍指控聽起來相當具有種族歧視意味。她在推文裡頭寫道，歐巴馬前顧問瓦萊麗・賈勒特（Valerie Jarrett）的長相，就像穆斯林兄弟會和《決戰猩球》生出來的小孩。如果你看過瓦萊麗・賈勒特的髮型，並知道《決戰猩球》裡的白人女演員海倫娜・寶漢・卡特（Helena Bonham Carter）所飾演的角色，並且——這是關鍵部分——你不知道賈勒特是非裔美籍混血，那麼這就會是個好笑的哏。羅斯安妮宣稱她並不知道這個事實。就我個人而言，根據賈勒特的容貌，我也不會猜到。

當批評者正為了羅斯安妮那則被指控種族歧視的推文，嚴厲地批評她時，她立刻否認這則貼文有種族歧視的意圖。我認為她的否認是可信的：哪個公眾人物會故意把一位非裔美國人拿來跟人猿做比較，還是公開進行，並且認為這沒什麼大不了？即使是真正的種族歧視者也不會做這麼蠢的事，假設他們也主演過很紅的電視節目。對我來說，指控羅斯安妮的推文有種族歧視的意圖並不可信。

在分析這件事的時候，我有一個優勢，就是我擁有「知

名人士」的視角。我經歷過一篇又一篇的文章指控我的各種子虛烏有的惡劣意圖，而讀者們卻認定那些都是真的。非知名人士知道有時媒體會扭曲知名人士所說的話，但是他們通常並不知道這有多普遍。

進一步增加我對羅斯安妮意圖解讀的可信度的是，她澄清了自己的意思並非針對種族評論，並且對於有人會如此解讀，她始終在情緒上表現得非常震驚。不過，我終究不會讀心術，我也可能是錯的，畢竟我以前也出錯過。但是我可以百分之百肯定地說，批評羅斯安妮的人也不會讀心術。我們都是在找線索，對她的內心想法做出臆測。

正是羅斯安妮的情況，促使我提出對公眾進行公開澄清的四十八小時法則。如果遵循這項法則，任何人都可以針對某個被負面解讀的說法做出進一步的說明。一旦有了說明，我認為媒體和公眾應該要接受這個解釋。

但等等，你是說——如果那個說明只不過是企圖收拾善後的謊言呢？

四十八小時法則會建議你應該接受那個謊言，並當作是事實，然後放下。許多社交互動就是這樣進行的，我們稱之為「禮貌」。

你的朋友：抱歉，我遲到了。路上超塞的！

你（想著）：他大概在說謊吧。

你（說著）：你安全抵達真是太好了！我請你喝杯飲料吧。

我們不能當思想警察，用這種方法來管理社會並不實際。但堅持要求人們做出並說出正確的事，既實際又有用。如果你有邪惡的想法，但總是做出、說出對世界有益的事情，那麼你在我的書裡，就是個好人。

簡單來說：你是怎麼樣的人，取決於你做的事情，不是你的想法。

同樣地，如果你有一些偏執的想法，但你已成功地用你的理智凌駕於這些想法之上，並以社會認可的方式採取行動，那麼我對你也沒有意見，我不會因為你的想法而批評你。但如果你的行為（包含你的言詞）對於整體利益有所牴觸，我一定會讓你知道。

我對這項議題的部分想法是受到一個事實的影響，即人類會逐漸變成他們自己說出來的那個模樣。如果某個偏執狂經常公開表示種族歧視是邪惡的，那麼這個偏執狂便會產生自我影響，變得比較不那麼種族歧視。我們最好鼓勵那些不很真誠但很正面的意見，因為它們在某種程度上，是一種自我實現。對有用的事情做出獎勵，會讓走在這條路上的人，在真的認同這些念頭之前，繼續偽裝下去，直到它變成真的。比起去猜測人們在想什麼，並以這些猜測來定人們的罪，我會選擇前者。如果我們的文化基礎是奠基於譴責人們假設的念頭，我們就不可能擁有一個成功的文化。

當你看到有人把某個「難以置信」的故事解釋成一件普通到不行的事情時，你通常都可以認定，那個普通的版本才是正確的。我不會說這樣做每次都會是對的，但是當你有一

個普通的版本可以相信的時候，去選擇相信令人難以置信的版本，通常都不是什麼好主意。

> 當看到新聞上某個「令人難以置信」的報導是建立在解讀他人的意思上時，這通常都是假新聞。稍安勿躁，等等看有沒有更進一步的說明，看看有沒有一個非常普通的解釋可以說得通。

》 二十年法則

讓我們停止為超過二十年前發生的事互相指責。人類在二十年的時間裡，變化很大。如果我們夠幸運，隨著時間的推移去學習並成熟，我們就會變成自己年輕時的進化版——更有智慧、比較不自私，也更有用。

在過去——比如說，網路出現以前好了——你年輕時犯下的錯誤不會留有紀錄。二十年法則在大部分的狀況下都預設為適用，因為沒有人有任何有效率的方法可以確認你如此久遠前的行為。

現在，我們有了社群媒體，它打造了一組幻燈片，展示你一生中所有過的蠢念頭、或是你做過的所有蠢事。事實證明，我們大多數人在年輕時都比現在糟糕。你不會想認識那個青少年時期的我。但我寧願認為從那時候開始到現在，我

已經有所進步了。如果你能以對等的禮數評斷我的話，我同意以你在這個星球上最近的二十年人生來對你做出評價。

我知道這個系統並不完美，我們之中有些人在過去做出太可怕的事情，以至於不管過了多久也無法被原諒。即便如此，不原諒的話，事情會更糟。如果你能以我五十年前的所作所為來評斷今天的我，我也可以對你做一樣的事情，而這樣的一條路是通往漫無止境的黑暗。

假如社群媒體不存在的話，二十年法則就沒這麼急迫。但是我們幾乎要被用我們高中時期所做最糟糕的決定來評斷了。這不是組織社會的好方法。

> 用人們年輕時的模樣來評斷他們，是種輸家思維。人是會變的，而且通常是有所進步。

陰謀論以及如何知道自己上當了

如果你在進行政治相關的討論，你可能曾經指控他人上了陰謀論的當；別人也很有可能對你做過同樣的指控。那麼，你要怎麼知道誰處在精神監獄之中、誰又是那個站在外面，有智慧的觀察者呢？我會給你一些小技巧，讓你恰好能夠成功分辨這件事。

>> 沒有專家站在你這邊

即使有百分之九十五的專家都站在同一邊，在重大議題上，專家們彼此意見分歧的狀況還是相當常見。百分之百的專家都站在同一邊，而另外一邊的組成中則是一位專家也沒有，這相對來說極為少見。舉例來說，沒有任何受過專業訓練的太空人會相信地球是平的。如果你無法找到任何一個在相關領域內認同你意見的可信專家時，也許是時候該重新考慮你這個信念了。

>> 房間裡隱形的大象

幻想通常涉及將假想事物添加到環境中，例如，如果你認為自己看得見鬼、幽浮、大腳怪，你就會把對他們的想像加到現有的場景中。在幻想當中，你幾乎不太會看到的是，從現存的事實中抽掉某些東西。例如，你從來不會聽到有人幻想他們房子裡的家具不見了，而事實上家具就在他們眼前。因此，如果其他人跟你在同一時間、同一地點，看著同樣的證據，而你卻可以清楚地看見其他人看不見的東西時，問題可能就出在你身上。在這裡，我指的不是對資料做出的解讀，我指的是那種彷彿你可以一清二楚地看見自己的手就在你眼前的狀況。如果你看到它，而其他人看不到，那就把賭注押在那些**看不到**的人身上就對了。因為幻想通常不是減法，而是對現實的補充。

如何知道自己是不是邪教的一員

　　如果你是一個邪教的成員，你的領袖可能會告訴你一些瘋狂的事情，並且期待你會相信他所說的內容。舉例來說，如果你的領袖告訴你把自己殺了，如此，可以釋放你的靈魂，並在沙發椅墊下永生，那麼你可能會想要蹺掉下次跟他的會面。但僅僅知道邪教會兜售一些假訊息，也無助於你能否判斷自己是否身處邪教當中，因為媒體、政客、精神領袖（當然，你自己的領袖除外）和特殊利益團體，一直都在用謊言對大眾進行洗腦。你最喜歡的那些新聞來源，絕對會在傳遞資訊的同時，做了等量的洗腦。可是，你大概以為這種事情只會發生在那些可悲的混蛋身上，因為他們犯了一個錯誤，去收看了錯誤的新聞來源。

　　沒有人可以倖免於社會上這種強大的洗腦力量，媒體會告訴觀眾他們想聽到的事情——政治上的右派會有一個版本的現實，左派也會有一個版本的現實——對於各自的觀眾來說，它看起來與事實並無二致。如果你是個人類，確認偏誤和你自以為的「常識」，這兩者所帶給你的感覺是相同的。這就是為什麼我經常說，你無法透過觀察過去，甚至是觀察現在，來理解你身處的現實真相。因為同一組觀察結果，可以很容易地適用於不同的理論。

　　如果你想測試看看自己的世界觀正確性如何，那麼光只是證據呈現的事實與你對於事件所提出的理論兩相符合還不夠，有很多種理論都可以滿足這個標準。要對你的世界觀進

行測試，**唯一切實可行的方法就是去檢視這套世界觀的預測力如何**。如果你所屬團體對於現實的解讀，可以把過去發生的事解釋得很好（或者看起來如此），卻無法準確預測不遠的將來，那麼你很可能就是身處邪教之中，或類似邪教的組織。

我在寫這個章節時，美國上下正抓著針對同一組觀測事實所做出的不同解讀吵得不可開交：川普總統是真的在替俄羅斯效力呢？還是所謂的深層政府試圖要陷害他？兩種理論都與民眾觀察到的事實相符。憲法學教授強納森・特利（Jonathan Turley）提出了第三種可以納入考慮的理論：這個議題兩邊的人都正在經歷確認偏誤，而事實是，與俄羅斯的勾結並不存在，也沒有深層政府的陰謀，有的只是許許多多相信這些陰謀論的人。如果你家裡有個計分板的話，證據裡呈現出的那些事實，都可以用來佐證這三種完全不同的理論，至少對於各個理論的支持者來說是這樣。② 顯然，在這齣戲裡，大部分的演員都認為與自己意見不同的人對事實的解讀是錯的，也許等你讀到這本書的時候，我們就會知道哪種現實勝出了。

如果你有偏好的宗教信仰，那麼要記住，有數十億的人所信仰的宗教都跟你不同，他們都認為你才是身在邪教中的那一個，而他們是受到天啟的那群人。我要說的是，知道邪教會對成員進行洗腦這件事，並不會幫助你判斷自己是否身處邪教之中。如果你知道自己在被洗腦，洗腦就不會成功。對一般人來說，確認偏誤會說服你去相信，你所屬的團體才

是真正參透生命的，其他都是假的。這樣的認知幾乎肯定是一種錯覺，一旦你領悟到對和錯的感覺完全一樣，並且欣然接受這概念，你已經在離開精神監獄的半路上了。

> 完全正確跟大錯特錯的感覺一模一樣。

　　你身處邪教最明確的一條線索就是，其他成員會積極地試著阻止你跟外部人士交換意見。例如，民主黨員和共和黨員愈來愈會去避開與另一方在同一場合出現，因為那樣幾乎都沒什麼好結果。你可以說民主黨員和共和黨員都不再是過去的樣子，他們都在進化，愈來愈接近某種偶然形成的邪教，崇拜著他們偏好的新聞來源，並且接受這些資訊被賦予的意義。過去幾年中，我一直在使用我所謂的遊說濾鏡撰寫有關美國政治的文章。透過這項工作，以及我最近遇到的一些有趣的人們，我學到了一些跟事實本質究竟為何有關的資訊，而這些事情真是令人震驚，假如我告訴你，你是不會信的。我們可以立刻驗證這個假設，因為我現在就要告訴你這個資訊是什麼：在美國，公眾對政治的看法，大概全由十二個左右的人在決定——其中大約有六個左派人士、六個右派人士。這一小群人通常會影響新聞的架構，而其他的權威人士只是強化了這些訊息，並利用反覆訴說的方式洗腦群眾。我確定你也注意到了左派和右派的權威人士在做各自表述時，用的方式有多相似。這些都不是意外。少數有影響力的

人會替故事定調，權威人士強化其中的訊息，然後大眾就會相信。

如果你認為你接收的新聞訊息是有所本並且沒有偏差的，那麼與其說你是一個真正了解情況的公民，你還比較像是一個偶然加入邪教的人，但不需要去理一個難看的髮型就是了。

> 如果你對現實的看法跟過去是一致的，但是無法正確地預測即將到來的未來會是如何，那麼你可能就是身處在某個類邪教的組織裡，其中有著被刻意製造的世界觀。如果你團體中的成員阻攔你，不讓你聽取相反觀點的聲音時，是時候該計畫一下怎麼逃跑了。

第 14 章

如何幫助別人從精神監獄中逃脫

一旦你學會如何從自己的精神監獄逃脫出來，你就可能會變得相當大方，想要幫助其他人也可以做到同樣的事情。我會教你一些技巧，讓你可以用來達成這一點。

　　如果你有任何這樣的經驗，試圖透過提供更好的事實和理由來贏得一場辯論，那麼你知道這幾乎是沒有用的。原因在於人們對自己理解世界的能力充滿信心；你應該以這種信心作為攻擊的目標，而非整體的論述。你很難一舉將別人從精神監獄中解放出來，你首先需要削弱他們對於自己意見的自滿，好讓這座監獄的牆變得愈來愈薄弱，直到他們可以一拳把牆擊碎，從中逃出為止。

　　學過心理學以及遊說方法的人已經做好準備，知道自己可以同時信心滿滿，卻又錯得離譜；但是幾乎所有其他的人都認為，他們的信心程度是一項很好的指標，可以顯示出他們有多正確。或許，他們從未注意到那些與他們意見分歧的人，信心有多堅實。信心並非是一個可以用來判斷正確程度的可靠信號，至少在涉及重大政治以及社會問題的時候不是。我們通常在每一個議題上，都從對立的兩方身上觀察到高度的信心。要幫助人們從他們的精神監獄中逃出來，要先訓練他們，讓他們停止信任自己對這個世界的理解。

　　如果你曾在網路上參與過一場線上辯論，你就會知道它通常是這樣進行的：

你：我家草坪上的草是綠色的。
批評者：這個白痴認為北極熊會飛！笑死！

你：我從沒說過任何可以跟這沾上邊的話。

批評者：那你解釋一下你說「我家草坪上的草是綠色的」這句話是什麼意思。

你：那跟北極熊一點關係也沒有。

批評者：你就是想要我們這樣認為，但是更廣泛的媒體敘事在脈絡上有所重疊，跟你的短期偏誤兩相結合之後會變得比原本更大。

當批評你的人開始像這樣滔滔不絕丟出那些什麼都有的沙拉式、毫無邏輯的廢話時，這是認知失調的一個徵兆，意謂著你的批評者他的論點已經開始瓦解，但這對你大概也沒什麼幫助。因為你的批評者也會基於你「拒絕回應批評」的這個事實，宣告自己勝利。在我的經驗中，我認為百分之九十與我意見分歧的人不同意我的觀點，只是不同意他們自己對於我的觀點的錯誤解讀。當你發現自己身處在類似的狀況中——我確定你有時候會遇到這種狀況——我推薦你使用這個我稱之為魔法問題的方法。

魔法問題

當有批評者誤解你，並對他們自己產生的誤解進行批評，說得彷彿這些誤解是來自於你，這個時候，回應他們最有效的方法就是提出下列挑戰：

> 針對這個議題，請說出一件你相信，但你認為我不相信
> 的事。

　　我已經把這個問題放在社群媒體上測試一年了，效果顯著。如果你讓你的批評者聚焦於他對於你觀點的幻想上，那麼你就會在原地踏步；但如果你把焦點轉移到批評者的意見上，就會讓你可以掌控這個對話。換句話說，針對批評者替你想像出來的一些瘋狂意見做出駁斥，如此，就可以把這種假的意見分歧翻轉過來，變成是批評者闡述他的意見，而你同意他。誇大來看，這個過程看起來會是像這樣的形式：

批評者：你覺得邊境圍牆是解決移民問題唯一的方案！笑死人！你一定是個種族歧視者，不然就是個白痴。

你：在邊境圍牆這個議題上，說出一件你認為對，而我不會認同的事。

批評者：好，例如，你認為我們的邊境需要一道圍牆，一吋都不能漏掉。

你：我不這麼認為。我認為我們需要圍牆的地方，只有那些在功能上和經濟上合理的地方，我們意見完全一致。

批評者：那麼，你也認為邊境圍牆可以阻擋所有毒品！笑死人！

你：我不認為邊境圍牆可以擋住所有毒品，我們意見完全一致。

你可能得要重複這個過程好幾次，一點接著一點，直到你的批評者失去信心，不再認為自己有能力讀取你的心智、看穿你的想法為止。這個技巧本身並無法擊垮精神監獄的牆，但可以削弱它的結構。

當人們有確鑿的證據，足以支撐他們的觀點時，他們通常都會用最有力的證據打頭陣，而對剩餘的證據則是輕描淡寫。但是，當人們正在經歷認知失調和確認偏誤時（這是我們正常的人類狀態），他們會傾向於使用我稱之為洗衣清單、落落長的遊說。這會發生在沒有任何證據本身是具有說服力的時候，因此這麼做是試圖彌補這個缺口，以量取勝。其中的概念就是，如果一項證據的可信度是零，那麼十項可信度皆為零的證據加起來就累積出一些真實的東西。當然，對一個客觀的旁觀者來說，這是無稽之談，但是請記住，我們在討論的是被困在精神監獄裡的人，不是依據理性行動的人。

在我的經驗裡，如果一個人對於某意見背後的理由不超過三個的話，那麼他可能真的擁有充分的理由。但如果有人給了你一張落落長的清單，上面有多達十個理由，這種人幾乎很少有充分的道理。我不能說這個經驗法則每次都可以預測得準，但你很容易可以測試出那張清單的可信度，你只要提出這個要求就行了：**給我你那份清單上可以支持你的意見**

最有力的論點或是證據，一個就好，麻煩了。

批評你的人通常都會嗅到陷阱的氣味，並且拒絕你的要求，然後要求你將那張落落長的清單上每一個該死的證據都納入考量之中。這時，你可以這樣回答：**因為時間關係，你是否同意，如果我駁斥了你最強的論點，你應該重新思考比被我駁斥的論點還更弱的論點？**

如果你無法駁斥那個最強的論點，那麼在這個案例中，你可能才是身處精神監獄之中的那一個。但如果你可以駁斥那個觀點，我不建議你繼續去一一反駁清單上的其他內容，即便你有時間和意願也一樣。記住，你的目標是降低對方對於他所提出的論點正確度的信心。讓他最有力的論點就此失效（如果你做得到的話），這麼做應該就足以達成目標了。不要迷失在那張落落長清單上雜草堆似的細微論點裡。駁斥批評者最強而有力的那個論點，宣布剩下的論點都比你剛剛駁斥的那個還要弱，然後就此打住。如果你做得正確的話，你的目標對象就會開始對自己的意見失去信心，漸漸地，這可能可以幫助他們敲碎那些較小的幻想。

> 有人會用一張落落長的清單，上面滿滿都是證明他們幻想為真的理由，不要跟這種人玩打地鼠的遊戲。只要叫他們拿出最強的論點，如果可以的話，就這個論點進行反駁。針對他們過剩的信心，而不是針對那張落落長的清單。

步 調

　　這不是一本關於遊說的書，但是步調的概念對於打破人們的精神監獄來說至關重要。要找到步調涉及配合你想要說服的那個人，方法是在不說謊的前提下，盡可能地同意他們的立場，這麼做的目的，是在開始談到意見分歧的點之前，先建立關係與信任。永遠都從你同意的點開始說，確定基調，把自己塑造成一個合理的意見來源。

　　如果你們爭論的是新聞裡的某個議題，我發現一開始先指出一個重點，就是任何的新聞來源在某些時候都是不可靠的，這麼做會有所幫助。這是一個很概括性的說法，大部分的人都會同意。一旦你建立了這個位於制高點的事實，你就已經替遊說鋪好路了，記住，你的目標是要弱化對方對於他們資訊來源的信心，並藉此來削弱他們精神監獄的圍牆。

> 在不說謊的狀況下，盡可能地同意對方，這樣你就會更有立場來進行遊說。

定 義 出 哪 些 是 雜 草

　　人們會把自己鎖在精神監獄裡，其中一個原因就是不去區分哪些事是重要的，哪些是不重要的。我把責任歸咎於

新聞以及社群媒體，因為不重要的新聞往往是最具娛樂性和有利可圖的。我們人類的本能是，認為自己最常去思考的事情一定是最重要的。這麼想當然是錯誤的反向思考，因為我們應該是要挑選出最重要的議題，再花最多時間去思考。新聞產業的商業模式，以及社群媒體的設計，幾乎保證了我們會把最多的時間花在思考最不重要的議題上。比起喋喋不休地討論一項新法條的細節，或是去談論因為一些巧妙的做法而避開了某種災難，你的新聞資訊來源更偏愛用政壇上的失言、或是虛假觀點來獲得更高的點閱數。

儘管我們都對那些無關緊要的新聞集體上癮，大多數的人仍可以輕易認出哪些是重要的，哪些又屬於那一堆瑣碎的「雜草叢」，但這通常都得要像這樣被指認和界定出來：

批評者：你最喜歡的政治人物今天說了些冒犯的話。
你：是這樣沒錯。但是跟經濟和國防比起來，不過是件瑣碎的小事，而這兩者可都是空前的強大。

在這裡，失敗的方法是去爭辯這位政治人物是否如聲稱那樣冒犯了人。接受小批評，同時將它們界定為相對不重要，這麼做會比較有效。再一次地，我們的目標是說服批評你的人，讓他們知道自己並不善於區分哪些事情是重要的、哪些事情只是一堆雜草。你並不是要徹底把他們的大腦整個翻轉過來。

> 不要爭辯像雜草般不重要的小事。放下那些瑣碎的事情，專注在真正重要的變因上面，這會讓你站在更有利的位置上。

描述長程的未來

我經常在網路上跟這種人爭辯，他們對於短期的收穫和付出之間的取捨，掌握得很好，但是他們忽略了長遠的局面。當這種情況發生在你身上的時候，與其指出這類型的疏漏，不如要求批評你的人描述一下，在他們所偏好的計畫中，未來看起來會是什麼樣子。如果這對他們來說很吃力，就會撼動他們對於自己意見的信心。

如果你的批評者有辦法描述一個很適合他們偏好的長期遠景，而且看起來是很不錯的未來，但是你並不同意，你最好的招數就是建議在真正長期投入之前，找法子小規模地測試看看對手的想法。你不會每次都有這個選項，但是在很多狀況下可行。

> 要求跟你持相反意見的人去描述，如果他們對於世界的看法被付諸實行了，如此一來，未來看起來會是怎麼樣？這樣的未來聽起來合理嗎？

戳破讀心術

在比較前面的章節裡，我提到我們有多常會（誤）認為自己有辦法讀懂他人的心。過去幾年中，我觀察到當我指出某個人的意見是建構在他們自認為擁有讀心術的基礎上時，他們的信心水準常常會立刻下降。如果在你巧妙地把他們的行為標記為讀心術後，沒有立即見效的話，接著試試這個方法：問問他們，在他們的人際關係中，有多少次他們的伴侶或是朋友認定他們一定有某種想法，但其實他們並沒有。這個方法會給他們一記當頭棒喝。我們都知道，那些最了解我們的人有多常會誤解我們的想法和意圖。那麼我們能夠正確推測出一些素昧平生的人，他們的內心想法及意圖的機率有多高呢？

一旦你跟批評你的人建立了讀心術是荒謬的這個觀點，而且他們到處辯解自己很擅長於讀心術這件事，那你已經成功撼動他們的信心了。我們沒有任何人是擅長讀心術的，而且我們都知道，即使我們不承認。

當你對讀心術做出了批評，對方就已經具備注意到這個概念的先決條件了，而這個概念會隨著時間推移，變得愈來愈有力。我知道這是真的，因為每當我越過那條微妙的界線，並未根據他人的所作所為來評判這個人，而是以我自己的假設認定他們有些什麼意圖，我在社群網站上的追蹤者都會直接拿這個概念來打臉我。這是個黏著度很高的概念。

在這裡或其他地方，都是可以讓我提醒你的好所在。

本書中的每種輸家思維式錯誤我都犯過，而且是常常犯錯。但我也確信，跟著時光的推進，我使用輸家思維的比率在逐漸降低，這單純只是因為我專注在這件事情上面。我可以想見，讀了這本書之後，你也會有此經歷。

> 避免讀心術錯覺的最好方法，就是在別人身上尋找它。當你進行讀心術的時候，這會讓你更容易抓到自己在使用它。

議 題 的 陳 述

如果你問的問題不對，通常也會得到錯誤的答案。在陳述一個議題的時候也是如此，如果你陳述得正確，你就比較有機會能夠有效地了解並且處理它，在政治的世界裡，各黨派的支持者通常在陳述事情的時候，是為了一己之利，而不是為了解決問題。

在我寫這部分的同時，美國總統正為了要在美墨邊境築一道「牆」尋求資金，而以民主黨為多數的眾議院則是堅持說，我們的確需要某種圍籬，但不會是一座牆。這個問題被陳述出來的方式是政治的，而非有用的。

在這個情況下，一個比較有用的陳述方式是指出政治人物不應該做工程上的決策。他們應該制定規格、通過啟動預

算，並讓邊境議題方面的專家以及工程師去決定他們需要在哪裡建造以及建造什麼。二〇一八年十二月十四日我在推特上提出了這樣一個陳述，我寫道：「政治人物不應該去做工程上的決策，讓邊境控制的預算可以順利通過，然後讓專業的工程師小組決定需要多少面牆、多少其他的東西。＃工程師」

一旦你看到這樣的陳述，你就會意識到，唯一阻撓政府取得資金、並進一步去執行一項更有效的邊境管制計畫的就是，他們把這件事政治化了，而公眾就這樣放過了他們。這始終是一個工程上的決定，他們會與邊境安全專家合作，並理解問題為何以及有什麼樣的需求。

國內大部分的重大議題都有偏誤陳述議題的問題。民主黨員想要讓政府在人民的健康照護方面能夠更有效地參與；但是共和黨人把這件事情描述成社會主義和資本主義的對抗。這種政治框架的陳述法，使得想要有所進步變得幾乎是不可能。

另一方面，共和黨人想要有效管制邊境，而民主黨人則把這描繪成是善與惡（主要是種族歧視）的案例。這種政治化的陳述框架，要有所進展幾乎也是同樣不可能。

民主黨人把氣候變遷敘述成是一群有智慧的科學家與愚蠢的科學否認者之間的對抗。共和黨人則是把氣候變遷描述成有一群容易受騙的傻子，上了垃圾科學的當，而明智的商人則認為這是一場騙局。兩種陳述方法都無法富有成效，一個更好的陳述框架，是將氣候變遷的風險視為一種公眾需要

更妥善理解的事物，如此才能進一步認清我們都在同一條船上，不管這條船會駛向何方。

　　糟糕的陳述框架永遠不會產生好的解決方案。如果你看到有人因為錯誤的陳述框架，被鎖在精神監獄之中，有時候你可以透過建議一個更有效的框架，來幫助他逃脫。要找到正確的框架並沒有什麼簡單的法則，但是我的經驗告訴我，在看到一個更好的框架時，人們都會認得出來。因此，去做些腦力激盪，去思考有哪些可能的陳述框架，一直到其中有一個最有成效的出線，然後在少數人身上進行一些測試，確保他們也認為這是最好的一個選項。

> 在你正確地陳述一個問題之前，是得不到答案的，而各黨的黨員鮮少會用正確的方式對問題進行陳述。

第 15 章

最後幾句話

如果你一直堅持到本書的最後，你就已經穩穩地走向離開精神監獄的路上了，這可能會很快發生，也可能需要花點時間。現在你已經接觸到這本書裡富有成效的思維技巧，你將開始在你的環境中注意到它們的存在，這會更加強化你對這些技巧的理解，並且會讓它們在你的心中變得愈來愈重要。

我要再說一次，書裡每個錯誤我都犯過，通常都不止一次。如果你在推特上追蹤我的話，@ScottAdams，你就會看到我再度犯下其中的一些錯誤，但你也會看到有人糾正我。這會讓我很高興，同時也會幫我一把，從來不會讓我覺得難堪。

邁向黃金年代是一個共同的計畫，需要我們所有人更有成效地思考，並且在需要的時候拉彼此一把。總而言之，我希望我們可以一起放掉自己對於「常識」的迷信，並且用經得起時間考驗的思維方式取而代之，這些方式橫跨了各個不同的學科，並且已被總結在這本書中。

科學告訴我們，人類只能保留他們所學到的其中一小部分。因此，做為結尾，我會告訴你哪些部分是你應該要花最大的努力去記住。

要記住的事：

- 不要進行讀心術，這不是人類的技能。
- 將自尊視為一種工具，而非你的身分。追蹤你所做的預測，在你的世界觀裡保有一些有用的謙遜

態度。經常把自己放在一些會讓你尷尬的情境中，讓自己學會痛苦都只是短暫的。

- 過去已不復存在，不要讓自己對過去的依戀影響今日的決定。

- 如果你沒有提出與你的計畫相較之下次好的替代方案，你等同什麼都沒說，聰明的人便會明智地無視你。

- 如果你正在爭執某個字的定義，而非哪條才是前進的最佳道路，那麼你就不屬於那個有生產力的一方。

- 如果你很確定只需要某一個變數就可以掌握整個複雜的狀況，那麼問題可能就出在你身上。

- 奧卡姆剃刀理論（最簡單的解釋通常是正確的）經常被引用得很荒謬。我們都認為自己的意見是最簡單的解釋。

- 由於公平本身具有主觀性，在大多數的情況下並無法獲得公平性。你距離公平性最近的地方，就是平等地一體適用法律。

- 如果你的論點取決於某件事發生的某一次，那麼你所持有的不是論點，只是一個故事。

- 如果你的論點完全仰賴於所謂的滑坡，那麼你便沒有太多的論據。在遇到停止的理由之前，所有的事情都在持續變化。替你家的草坪除草並不會產生滑坡讓你滑到在幫你的狗剃毛。

- 巧合通常沒有任何意義，它們通常是確認偏誤的動力。如果你的論點完全建築在不知道如何對某個巧合做出其他解釋，你只是想像力很差，不算有個論點。巧合可能會告訴你，遇到確認偏誤時要先想到些什麼，但也僅止於此。
- 避免提出不完整的意見，不是忽略計畫中的成本就是忽略其效益。
- 不要用類比的方式來進行預測，去找出因果關係。
- 不要用團體中最糟糕的百分之五的成員來評價這個團體，如果你這麼做的話，你大概就是你所屬的團體裡，最糟糕的百分之五其中一員。
- 了解專家建議的侷限性，並且對於那些有著財務方面的誘因，可能因而誤導你的專家持懷疑態度。

　　這些是你要帶著走的，最有力的重點，但我希望你在書中其他部分也會找到一些有價值的地方，並經常參考。我也希望你能找到一個理由，將這本書送給生命中某個能從更有效的思維方式中受益的人。
　　謝謝你讀完我的書！

致 謝 詞

謝謝那些喜歡在社群媒體上向我開戰的人,因為有你們才可能會有這本書。要不是你們永不間斷地試著要讓我難過,我不會有材料可以寫這本書,這本書也不會如此有趣。

感謝這些年來,在我生命中曾經指出我思維上缺失的人,在那些當下我並不喜歡被指正,但是透過學習,我學會視它為一份禮物。我已試著把這份禮物繼續傳下去。

謝謝我出色的編輯麗婭‧楚博斯特(Leah Trouwborst),謝謝妳幫助我完成這本書的浩大工程。妳的才華和專業讓我刮目相看,而我是很難對誰刮目相看的。

謝謝我的發行人,艾瑞安‧札克罕姆(Adrian Zackheim),謝謝你在多年前給了我很大的信心,讓我得以成為一位作家,並且持續相信我在其他主題上的觀點。是你的信任,讓我做得更好。

謝謝左拉‧狄格蘭佩爾(Zora DeGrandpre),謝謝妳幫我檢查了這本書裡的科學參考資料。假如我對於科學的解讀有錯,請不要怪她,她可能已經告訴過我不要那樣寫了。有時我選擇了簡單而非完整的觀點,目的是要傳達大致的重點,而不迷失在雜草般瑣碎的細節裡。

謝謝克莉絲提娜‧巴珊(Kristina Basham),謝謝妳接受並愛著我原本的模樣。妳是我生命中最美好的部分。

索引

CHAPTER 1: WHAT IS LOSERTHINK?

1. K. Mahmood, "Do People Overestimate Their Information Literacy Skills? A Systematic Review of Empirical Evidence on the Dunning-Kruger Effect," *Communications in Information Literacy*, 2016, 198–213.

2. Aaron E. Carroll, "Peer Review: The Worst Way to Judge Research, Except for All the Others," *New York Times*, November 5, 2018, www.nytimes.com/2018/11/05/upshot/peer-review-the-worst-way-to-judge-research-except-for-all-the-others.html.

3. Sheila Kaplan, "Duke University to Pay $112.5 Million to Settle Claims of Research Misconduct," *New York Times*, March 25, 2019, www.nytimes.com/2019/03/25/science/duke-settlement-research.html.

4. Richard Jacoby, "The FDA's Phony Nutrition Science: How Big Food and Agriculture Trumps Real Science—and Why the Government Allows It," *Salon*, April 10, 2015, www.salon.com/2015/04/12/the_fdas_phony_nutrition_science_how_big_food_and_agriculture_trumps_real_science_and_why_the_ government_allows_it/.

5. Dan Robitzski, "Faulty Studies Mean Everything You Know about Nutrition Is Wrong," *Futurism*, July 2018, https://futurism.com/the-things-we-know-about-nutrition-are-wrong-thanks-to-faulty-studies; Julia Belluz, "Why (Almost) Everything You Know about Food Is Wrong," *Vox*, August 16, 2016, www.vox.com/2016/1/14/10760622/nutrition-science-complicated.

6. Susan Solomon and Diane J. Ivy, "Emergence of Healing in the Antarctic Ozone Layer," *Science*, July 15, 2016, 269–74.

7. Einstein Sabrina Stierwalt, "Why Is the Ozone Hole Shrinking?," *Scientific American*, March 22, 2017, www.scientificamerican.com/article/why-is-

the-ozone-hole-shrinking.

CHAPTER 3: THINKING LIKE A PSYCHOLOGIST

1. Julia Jacobs, "DeSantis Warns Florida Not to 'Monkey This Up,' and Many Hear a Racist Dog Whistle," *New York Times*, August 29, 2018, www. nytimes.com/2018/08/29/us/politics/desantis-monkey-up-gillum.html.

2. Marc Fisher, John Woodrow Cox, and Peter Hermann, "Pizzagate: From Rumor, to Hashtag, to Gunfire in D.C.," *Washington Post*, December 6, 2016, www.washingtonpost.com/local/pizzagate-from-rumor-to-hashtag-to-gunfire-in-dc/2016/12/06/4c7def50-bbd4-11e6-94ac-3d324840106c_story.html.

3. Jean Kumagai, "Finally, a Likely Explanation for the 'Sonic Weapon' Used at the U.S. Embassy in Cuba," IEEE Spectrum, March 1, 2018, https:// spectrum.ieee.org/semiconductors/devices/finally-a-likely-explanation-for-the-sonic-weapon-used-at-the-us-embassy-in-cuba; Julian Borger, "Mass Hysteria May Explain 'Sonic Attacks' in Cuba, Say Top Neurologists," *The Guardian*, October 12, 2017, www.theguardian.com/world/2017/oct/12/cuba-mass-hysteria-sonic-attacks-neurologists.

4. L. Trick, E. Watkins, S. Windeatt, and C. Dickens, "The Association of Perseverative Negative Thinking with Depression, Anxiety and Emotional Distress in People with Long-Term Conditions: A Systematic Review," *Journal of Psychosomatic Research*, December 1, 2016, 89–101; F. Clancy, A. Prestwich, L. Caperon, and D. B. O'Connor, "Perseverative Cognition and Health Behaviors: A Systematic Review and Meta-Analysis," *Frontiers in Human Neuroscience*, November 8, 2016, 534.

5. "Chronic Stress Puts Your Health at Risk," Mayo Clinic, March 19, 2019, www.mayoclinic.org/healthy-lifestyle/stress-management/in-depth/stress/art-20046037.

CHAPTER 5: THINKING LIKE AN HISTORIAN

1. Michael H. Romanowski, "Problems of Bias in History Textbooks," *Point of View*, March 1996, 170–73; Ray Raphael, "Are U.S. History Textbooks Still Full of Lies and Half-Truths?," History News Network, https://historynewsnetwork.org/article/7219.

CHAPTER 6: THINKING LIKE AN ENGINEER

1. "Overdose Death Rates," National Institute on Drug Abuse, January 29, 2019, www.drugabuse.gov/related-topics/trends-statistics/overdose-death-rates.

2. Dan Braha and Marcus A. M. De Aguiar, "Voting Contagion: Modeling and Analysis of a Century of U.S. Presidential Elections," *PLOS ONE*, May 18, 2017, DOI:10.1371/journal.pone.0177970.

CHAPTER 7: THINKING LIKE A LEADER

1. J. J. Halpern and R. C. Stern, eds. *Debating Rationality: Nonrational Aspects of Organizational Decision Making* (Ithaca, NY: Cornell University Press, 1998).

CHAPTER 8: THINKING LIKE A SCIENTIST

1. Lewis Johnson, "Searching for the World's Best Investments? Begin by 'Inverting,'" July 26, 2018, http://blog.capitalwealthadvisors.com/trends-tail-risks/searching-for-the-worlds-best-investments-begin-by-inverting.

2. Charles T. Munger, *Poor Charlie's Almanack: The Wit and Wisdom of Charles T. Munger*, 3rd ed., (Marceline, MO: Wals-worth, 2005).

CHAPTER 9: THINKING LIKE AN ENTREPRENEUR

1. Glenn Kessler, "Do Nine out of 10 New Businesses Fail, as Rand Paul

Claims?," *Washington Post*, January 27, 2014, www.washingtonpost. com/news/fact-checker/wp/2014/01/27/do-9-out-of-10-new-businesses-fail-as-rand-paul-claims/?utm_term=.edc51535420f.

CHAPTER 10: THINKING LIKE AN ECONOMIST

1. Shoshana Zuboff, *The Age of Surveillance Capitalism: The Fight for a Human Future at the New Frontier of Power* (New York: Public Affairs, 2019).

2. Robert J. Szczerba, "15 Worst Tech Predictions of All Time," *Forbes*, January 9, 2015, www.forbes.com/sites/robertszczerba/2015/01/05/15-worst-tech-predictions-of-all-time/#75e002531299.

3. "25 Famous Predictions That Were Proven to Be Horribly Wrong," List25, March 13, 2014, https://list25.com/25-famous-predictions-that-were-proven-to-be-horribly-wrong/5/.

4. "Things People Said: Bad Predictions," www.rinkworks.com/said/predictions.shtml.

5. Allison Berry, "Top 10 Failed Predictions," *Time*, October 21, 2011, http://content.time.com/time/specials/packages/artic le/0,28804,2097462_2097456_2097459,00.html.

6. "25 Famous Predictions That Were Proven to Be Horribly Wrong," List25, March 13, 2014, https://list25.com/25-famous-predictions-that-were-proven-to-be-horribly-wrong/.

CHAPTER 11: THINGS PUNDITS SAY THAT YOU SHOULD NOT COPY

1. Olivia Beavers, "Jimmy Carter: Media 'Harder' on Trump Than Other Presidents," *The Hill*, October 22, 2017, https://thehill.com/homenews/administration/356639-carter-media-has-been-harder-on-trump-than-other-presidents.

2. B. S. McEwen, "In Pursuit of Resilience: Stress, Epigenetics, and Brain Plasticity," *Annals of the New York Academy of Sciences*, February 25, 2016, 56–64; J. A. Sturgeon, P. H. Finan, and A. J. Zautra, "Affective Disturbance in Rheumatoid Arthritis: Psychological and Disease-Related Pathways," *Nature Reviews Rheumatology*, September 12, 2016, 532-44.

CHAPTER 12: THE GOLDEN AGE FILTER

1. "25 Famous Predictions That Were Proven to Be Horribly Wrong," List25, March 13, 2014, https://list25.com/25-famous-predictions-that-were-proven-to-be-horribly-wrong/5/.

2. Taylor Hatmaker, "A Popular Genealogy Website Just Helped Solve a Serial Killer Cold Case in Oregon," TechCrunch, January 31, 2019, https://techcrunch.com/2019/01/31/hlavka-murder-gedmatch-dna/; Alex Horton, "A Suspected Killer Eluded Capture for 25 Years. Then Investigators Got His Aunt's DNA," *Washington Post*, February 17, 2019, www.washingtonpost.com/crime-law/2019/02/16/suspected-killer-eluded-capture-years-then-investigators-got-his-aunts-dna/?utm_term=.6d643569909a.

3. Steven Beard, "Is There Really Evidence for a Decline of War?," OEF Research, May 8, 2018, https://oefresearch.org/think-peace/evidence-decline-war.

4. "Yemen Crisis: Why Is There a War?," BBC News, March 21, 2019, www.bbc.com/news/world-middle-east-29319423.

5. "10 Breakthrough Technologies 2019, Curated by Bill Gates," *MIT Technology Review*, February 28, 2019, www.technologyreview.com/lists/technologies/2019/.

6. "Secretary Perry Launches Versatile Test Reactor Project to Modernize Nuclear Research and Development Infrastructure," Just the Real News,

March 2, 2019, www.justtherealnews.com/2019/02/28/secretary-perry-launches-versatile-test-reactor-project-to-modernize-nuclear-research-and-development-infrastructure/.

7. Ibid.

8. Climeworks, 2019, www.climeworks.com.

9. Valeria Perasso, "Turning Carbon Dioxide into Rock—Forever," BBC News, May 18, 2018, www.bbc.co.uk/news/world-43789527.

10. Global Thermostat, 2019, https://globalthermostat.com.

11. Strata Worldwide, 2019, www.strataworldwide.com.

12. WhenHub, 2019, www.whenhub.com.

13. Mandy Roth, "4 Ways Telemedicine Is Changing Healthcare," Health Leaders, August 28, 2018, www.healthleadersmedia.com/innovation/4-ways-telemedicine-changing-healthcare.

14. "Better Health with Smartphone Apps," Harvard Health, April 2015, www.health.harvard.edu/staying-healthy/better-health-with-smartphone-apps.

15. Angelica LaVito, Christina Farr, and Hugh Son, "Amazon's Joint Health-Care Venture Finally Has a Name: Haven," CNBC, March 6, 2019, www.cnbc.com/2019/03/06/amazon-jp-morgan-berkshire-hathaway-health-care-venture-named-haven.html.

CHAPTER 13: HOW TO BREAK OUT OF YOUR MENTAL PRISON

1. Keith Collins and Kevin Roose, "Tracing a Meme from the Internet's Fringe to a Republican Slogan," *New York Times*, November 4, 2018, www.nytimes.com/interactive/2018/11/04/technology/jobs-not-mobs.html.

2. Jonathan Turley, "Witch Hunt or Mole Hunt? Times Bombshell Blows Up All Theories," *The Hill*, January 12, 2019, https://thehill.com/opinion/judiciary/425033-witch-hunt-or-mole-hunt-times-bombshell-blows-up-all-theories.

Big 342

斜槓思考：開啟大腦的多職潛能，思考像個全才

作　者—史考特·亞當斯（Scott Adams）
譯　者—陳映竹
主　編—陳家仁
編　輯—黃凱怡
企劃編輯—藍秋惠
協力編輯—巫立文
封面設計—陳恩安
內頁設計—李宜芝

總 編 輯－胡金倫
董 事 長－趙政岷
出 版 者－時報文化出版企業股份有限公司
　　　　　108019 台北市和平西路三段 240 號 4 樓
　　　　　發行專線－ (02)2306-6842
　　　　　讀者服務專線－ 0800-231-705・(02)2304-7103
　　　　　讀者服務傳真－ (02)2304-6858
　　　　　郵撥－ 19344724 時報文化出版公司
　　　　　信箱－ 10899 臺北華江橋郵局第 99 信箱
時報悅讀網— http://www.readingtimes.com.tw
法律顧問—理律法律事務所 陳長文律師、李念祖律師
印　　　刷—勁達印刷有限公司
初版一刷— 2020 年 12 月 11 日
初版五刷— 2021 年 4 月 29 日
定　　　價—新台幣 400 元
（缺頁或破損的書，請寄回更換）

時報文化出版公司成立於一九七五年，
並於一九九九年股票上櫃公開發行，於二○○八年脫離中時集團非屬旺中，
以「尊重智慧與創意的文化事業」為信念。

斜槓思考：開啟大腦的多職潛能，思考像個全才 / 史考特·亞當斯 (Scott Adams)
　著；陳映竹譯 . -- 初版 . -- 臺北市：時報文化，2020.12
　320 面；14.8×21 公分 . -- (big；342)

譯自：Loserthink : how untrained brains are ruining America

ISBN 978-957-13-8404-7(平裝)

1. 思考 2. 成功法

176.4　　　　　　　　　　　　　　　　　　　　109015425

ISBN 978-957-13-8404-7
Printed in Taiwan

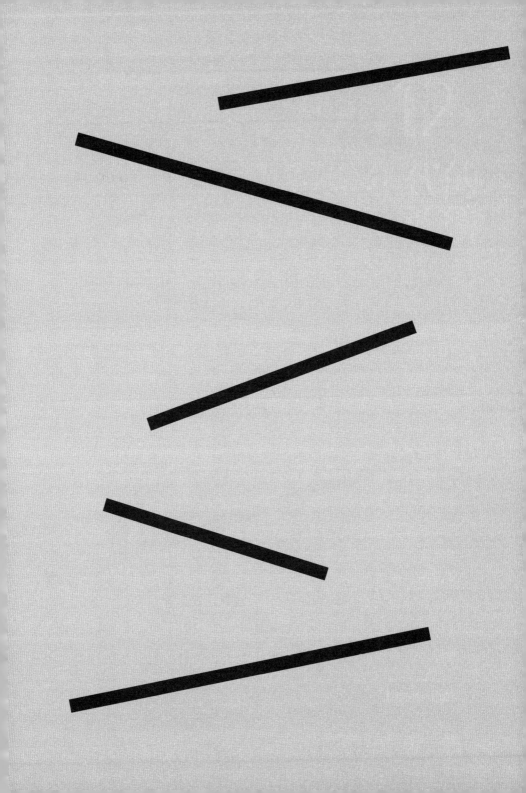

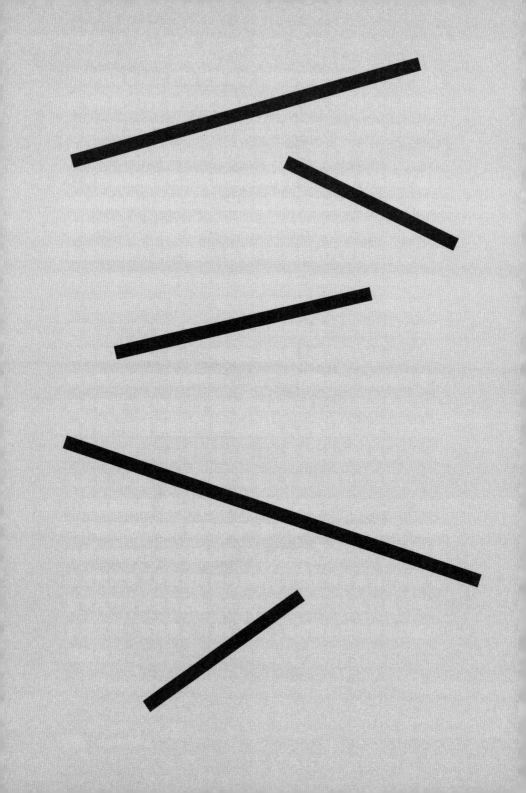

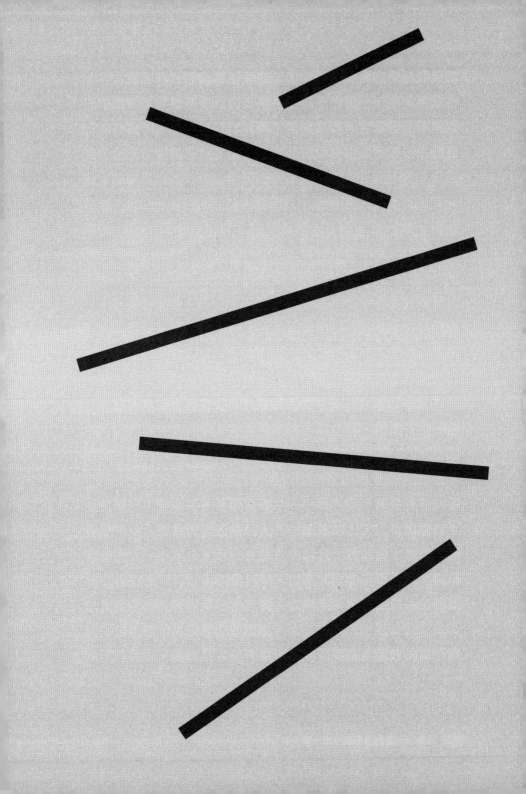

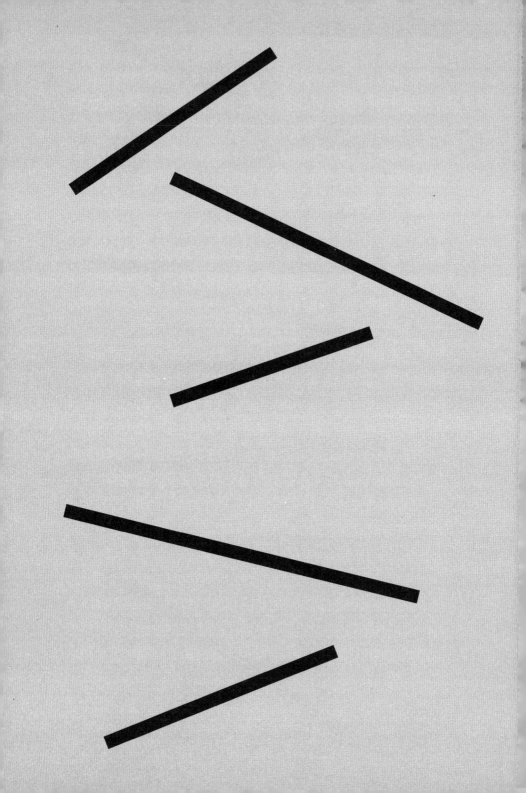